中华人民共和国矿产资源法

新旧对照与重点解读

中国法治出版社
CHINA LEGAL PUBLISHING HOUSE

目 录

《中华人民共和国矿产资源法》学习指引 ………… 1

《中华人民共和国矿产资源法》新旧对照与重点解读表 …… 15

第一章 总 则 …………………………………………… 17

 第 一 条 【立法目的和根据】 …………………… 17

 第 二 条 【适用范围和概念】 …………………… 17

 第 三 条 【矿产资源开发利用和保护工作原则】 …… 18

 第 四 条 【矿产资源所有权】 …………………… 19

 第 五 条 【探矿权、采矿权】 …………………… 19

 第 六 条 【勘查、开采矿产资源费用缴纳】 …… 20

 第 七 条 【地质调查制度】 ……………………… 20

 第 八 条 【战略性矿产资源开发利用和保护】 …… 21

 第 九 条 【矿产资源规划】 ……………………… 21

 第 十 条 【相关储备、应急体系建设】 ………… 23

 第十一条 【矿产资源相关领域的科技支撑】 …… 23

 第十二条 【表彰、奖励】 ………………………… 24

 第十三条 【民族自治地方矿产资源开采】 ……… 24

 第十四条 【监督管理体制】 ……………………… 25

 第十五条 【矿产资源领域国际合作】 …………… 26

第二章 矿业权 27

 第十六条 【矿业权有偿取得制度】 27

 第十七条 【矿业权出让方式】 27

 第十八条 【矿业权出让启动机制】 28

 第十九条 【竞争性方式出让矿业权的要求】 29

 第二十条 【矿业权出让合同签订及其要求】 30

 第二十一条 【矿业权出让收益征收】 31

 第二十二条 【矿业权设立、变更、转让、抵押和
        消灭登记、法律效力】 31

 第二十三条 【探矿权人、采矿权人的权利】 32

 第二十四条 【矿业权的期限及续期】 33

 第二十五条 【探矿权转为采矿权】 35

 第二十六条 【矿业权收回】 35

 第二十七条 【矿业权转让、出资、抵押】 36

 第二十八条 【无需取得探矿权的情形】 37

 第二十九条 【无需取得采矿权的情形】 37

第三章 矿产资源勘查、开采 39

 第三十条 【地质调查组织开展】 39

 第三十一条 【汇交地质资料】 39

 第三十二条 【对建设项目压覆矿产资源的限制】 40

 第三十三条 【勘查许可证、采矿许可证】 41

 第三十四条 【矿业用地制度】 42

 第三十五条 【勘查、开采矿产资源通行便利】 43

 第三十六条 【矿产资源勘查过程中发现可供开采
        的矿产资源的处理】 44

第三十七条 【绿色矿山建设】……………………45
第三十八条 【勘查活动结束后探矿权人的义务】……45
第三十九条 【开采矿产资源活动的要求】…………46
第 四 十 条 【矿产资源储量管理制度】………………47
第四十一条 【闭坑地质报告及闭坑有关要求】……48
第四十二条 【遵守有关法律、法规的义务】………48
第四十三条 【发现重要地质遗迹等的保护和报告
　　　　　　义务】…………………………………49

第四章 矿区生态修复…………………………………50

第四十四条 【矿区生态修复的原则、职责】………50
第四十五条 【生态修复义务主体】……………………51
第四十六条 【编制矿区生态修复方案】………………52
第四十七条 【矿区生态修复方案实施要求】………52
第四十八条 【矿区生态修复验收】……………………53
第四十九条 【矿区生态修复费用】……………………54

第五章 矿产资源储备和应急………………………55

第 五 十 条 【战略性矿产资源储备体系】……………55
第五十一条 【战略性矿产资源储备设施建设】……55
第五十二条 【开采战略性矿产资源的采矿权人
　　　　　　义务】…………………………………56
第五十三条 【战略性矿产资源储备地】………………56
第五十四条 【矿产资源供应安全预测预警体系】……57
第五十五条 【出现矿产资源应急状态时的应急
　　　　　　处置措施】……………………………57

第六章　监督管理 ························· 59
　　第五十六条　【部门监督管理职责】············· 59
　　第五十七条　【监督检查措施】················· 59
　　第五十八条　【矿产资源开发利用水平调查评估
　　　　　　　　制度】························· 60
　　第五十九条　【全国矿业权分布底图和动态数据库、
　　　　　　　　矿产资源监督管理信息系统】······· 61
　　第 六 十 条　【信用监管】····················· 62
　　第六十一条　【对违反矿产资源法律、法规行为
　　　　　　　　的举报】······················· 62

第七章　法律责任 ························· 63
　　第六十二条　【有关部门工作人员的法律责任】··· 63
　　第六十三条　【未取得探矿权勘查矿产资源等法律
　　　　　　　　责任】························· 63
　　第六十四条　【未取得采矿权开采矿产资源等法律
　　　　　　　　责任】························· 64
　　第六十五条　【建设项目未经批准压覆战略性矿产
　　　　　　　　资源的法律责任】··············· 65
　　第六十六条　【探矿权人未取得勘查许可证进行矿
　　　　　　　　产资源勘查作业的法律责任】····· 66
　　第六十七条　【采矿权人未取得采矿许可证进行矿
　　　　　　　　产资源开采作业的法律责任】····· 66
　　第六十八条　【违反规定造成矿产资源破坏的法律
　　　　　　　　责任】························· 67

第六十九条 【勘查活动结束后探矿权人未及时对勘查区域进行清理等法律责任】……… 68

第七十条 【未按照规定汇交地质资料等法律责任】…………………………………… 69

第七十一条 【采矿权人不履行矿区生态修复义务等法律责任】………………………… 69

第七十二条 【有关单位和个人不承担应急义务的法律责任】…………………………… 70

第七十三条 【矿业权人拒绝、阻碍监督检查等法律责任】……………………………… 71

第七十四条 【有关机关和组织提起公益诉讼】…… 71

第七十五条 【民事责任、治安管理处罚及刑事责任】………………………………… 72

第七十六条 【法律适用衔接】……………………… 72

第八章 附 则 ……………………………………… 73

第七十七条 【外商投资勘查、开采矿产资源法律适用】………………………………… 73

第七十八条 【实施危害中华人民共和国国家矿产资源安全行为责任追究】………… 73

第七十九条 【国际条约适用】……………………… 73

第八十条 【施行日期】……………………………… 74

中华人民共和国主席令（第三十六号）……………… 75
中华人民共和国矿产资源法 ……………………………… 76
（2024年11月8日）

关于《中华人民共和国矿产资源法（修订草案）》
的说明 ………………………………………………… 102
　　（2023年12月25日）
全国人民代表大会宪法和法律委员会关于《中华人
民共和国矿产资源法（修订草案）》修改情况的
汇报 ………………………………………………… 107
　　（2024年6月25日）
全国人民代表大会宪法和法律委员会关于《中华人
民共和国矿产资源法（修订草案）》审议结果的
报告 ………………………………………………… 110
　　（2024年11月4日）
全国人民代表大会宪法和法律委员会关于《中华人
民共和国矿产资源法（修订草案三次审议稿）》
修改意见的报告 …………………………………… 113
　　（2024年11月7日）

《中华人民共和国矿产资源法》学习指引

矿产资源是经济社会发展的重要物质基础，矿产资源勘查开发事关国计民生和国家安全。中华人民共和国矿产资源法（以下简称矿产资源法）制定于1986年，1996年、2009年修改过部分条款。这部法律施行30多年来，对于促进矿业发展，加强矿产资源勘查、开发利用和保护工作发挥了积极作用。随着经济社会发展，矿产资源领域出现不少新情况新问题，矿产资源供需环境和安全环境正发生着重大变化，现行法律亟需修改完善。目前，我国矿产资源供需形势依然严峻，随着工业化、城镇化进程不断加快，矿产资源需求持续攀升，国内保障程度偏低，石油、铁等大宗战略性矿产对外依存度长期居高不下，保障国家矿产资源安全的重要性越发凸显。

党的十八大以来，以习近平同志为核心的党中央高度重视国家能源和矿产资源安全保障，多次作出重要指示批示，要求提高能源资源安全保障能力，持续深入开展新一轮找矿突破战略行动，加强资源节约集约循环高效利用，为矿产资源开发利用和保护工作提供了根本遵循。为贯彻落实党中央决策部署、适应新形势新任务，有必要与时俱进全面修订矿产资源法，积极回应实践需求，为新时代高质量推进矿产资源开发利用和保护工作提供有力的法治保障。

2024年11月8日，第十四届全国人民代表大会常务委员会第十二次会议通过了新修订的矿产资源法，自2025年7月1日起施行。此次修法应重点把握好以下几点：一是坚持以习近平新时代中国特色社会主义思想为指导，贯彻落实党中央关于矿产资源开发利用和保护工作的决策部署，把坚持中国共产党对矿产资源开发利用和保护工作的领导、促进矿业绿色高质量发展的新成果新经验，上升为制度规范，以法律形式予以明确。二是坚持贯彻总体国家安全观，突出保障国家矿产资源安全目标，着力为加强矿产资源国内勘探开发和增储上产、提高节约集约利用水平、提升应急保供能力提供制度保障，全方位夯实国家矿产资源安全制度根基。三是坚持问题导向，聚焦矿业权出让、矿产资源勘查开采、矿区生态修复、矿产资源储备和应急等关键环节和主要问题完善制度设计，增强针对性和实效性。四是遵循地质工作规律和矿业发展规律，确保制度设计符合矿产资源勘查开采的实际情况和特点，有效发挥法律制度激励引导和规范约束相结合的积极作用。这些原则贯穿本法全篇,体现在具体条文和制度设计之中。

一、矿产资源法的主要内容

修订后的矿产资源法共8章,80条,主要内容包括:

(一)总则。主要规定了矿产资源法的立法目的、适用范围、工作原则、总体要求等内容。一是将推动矿业高质量发展,保障国家矿产资源安全等作为立法目的。二是明确本法的适用范围和相关概念。三是规定矿产资源开发利用和保护工作坚持中国共产党的领导,贯彻总体国家安全观,统筹发展和安全,统筹国内国际,以及应当坚持的原则。四是明确矿产资源属于国家所有,由国务院代表国家行使所有权,并对探矿权、采矿权,以及勘查、开采矿产资源按照规定缴纳费用作出规定。五是规定地质调查、战略性矿产资源开发利用和保护、矿产资源规划、储备体系和应急体系建设等重要制度。六是规定科技支撑、表彰和奖励、民族自治地方矿产资源开采、监督管理职责、国际合作等工作机制和要求。

(二)矿业权。一是规定矿业权有偿取得制度,明确矿业权包括探矿权、采矿权。二是规定矿业权出让以竞争性方式为主,以法律、行政法规或者国务院规定可以通过协议出让或者其他方式设立为补充。三是明确矿业权出让启动、通过竞争性方式出让矿业权、签订出让矿业权合同、矿业权出让收益征收相关的程序和要求。四是明确矿业权设立、变更、转让和消灭的登记要求、法律效力。五是规定探矿权人、采矿权人在登记的勘查、开采区域内享有的权利，以及矿业权的期限、续期等规则。六是明确探矿权转为采矿权，矿业权的收回、转让、出资、抵押等要求。七是规定无需取得探矿权、无需取得采矿权的法定情形。

（三）矿产资源勘查、开采。一是明确组织开展基础性地质调查、战略性矿产资源等远景调查和潜力评价，汇交地质资料的要求。二是明确限制建设项目压覆矿产资源的要求，规定建设项目规划和论证等活动中应当履行相关的义务。三是规定矿业权人取得勘查许可证、采矿许可证的要求与程序，勘查、开采矿产资源的用地保障和通行便利，矿产资源勘查过程中发现可供开采的矿产资源的处理等。四是明确绿色矿山建设、勘查活动结束后探矿权人的义务、开采矿产资源活动的要求等。五是建立矿产资源储量管理制度，规定矿业权人的报告义务、采矿权人报送闭坑地质报告的义务。六是要求勘查、开采矿产资源遵守相关法律、法规，履行保护生态环境、安全生产、预防职业病，以及保护重要地质遗迹、古生物化石和文物的义务。

（四）矿区生态修复。一是规定矿区生态修复应当坚持的原则、措施和要求，明确国务院有关部门以及县级以上地方人民政府履行相关职责。二是规定采矿权人的生态修复义务、因采矿权转让引起的生态修复义务调整、县级以上地方人民政府组织开展矿区生态修复的要求，以及鼓励社会资本参与矿区生态修复。三是规定采矿权人编制矿区生态修复方案的义务，明确矿区生态修复方案编制的有关要求。四是明确矿区生态修复方案实施、矿区生态修复验收的要求。五是规定矿区生态修复费用提取、使用、监督管理等要求。

（五）矿产资源储备和应急。一是明确国家构建产品储备、产能储备和产地储备相结合的战略性矿产资源储备体系，以及战略性矿产资源储备设施建设的要求。二是明确开采战略性矿产资源的采矿权人履行落实产能储备责任、合理规划生产能力等义务。三是明确划定战略性矿产资源储备地的要求，以及需要考虑的因素。四是规定矿产资源供应安全预测预警体系建设的要求。五是规定出现矿产资源应急状态时可以采取的应急处置措施、有关单位和个人的配合义务、终止实施应急处置措施等。

（六）监督管理。一是规定县级以上人民政府有关部门的监督检查职责，以及加强对执法活动监督的要求。二是规定县级以上人民政府有关部门实施监督检查可以采取的措施，被检查单位及其有关人员配合义务等。三是建立矿产资源开发利用水平调查评估制度，明确建立矿产资源开发利用水平评估指标体系等要求。四是明确建立全国矿业权分布底图和动态数据库、全国矿产资源监督管理信息系统的要求。五是规定将矿业权人和从事矿区生态修复等活动的其他单位和个人的信用信息纳入信用记录，对违反矿产资源法律、法规行为的举报。

（七）法律责任。一是规定县级以上人民政府自然资源主管部门和其他有关部门的工作人员的法律责任。二是规定未取得探矿权勘查矿产资源、超出探矿权登记的勘查区域勘查矿产资源，以及未取得采矿权开采矿产资源、超出采矿权登记的开采区域开采矿产资源的法律责任。三是规定建设项目未经批准压覆战略性矿产资源、探矿权人未取得勘查许可证进行矿产资源勘查作业、采矿权人未取得采矿许可证进行矿产资源开采作业的法律责任。四是规定违反有关规定造成矿产资源破坏、勘查活动结束后探矿权人未及时对勘查区域进行清理等法律责任。五是规定矿业权人未按照规定编制并报送矿产资源储量报告、故意报送虚假的矿产资源储量报告，采矿权人不履行矿区生态修复义务等法律责任。六是规定有关单位和个人不履行应急义务，矿业权人拒绝、阻碍监督检查等的法律责任。七是明确有关机关和组织提起公益诉讼、民事责任、治安管理处罚和刑事责任。

（八）附则。一是规定外商投资勘查、开采矿产资源的法律适用。二是规定实施危害中华人民共和国国家矿产资源安全行为的法律责任追究。三是明确国际条约适用规则。四是修订后本法的施行日期重新确定，即2025年7月1日。

二、矿产资源法 2024 年修改要点

2024 年修订矿产资源法，重点增加和修改了以下内容：

（一）完善立法目的，明确矿产资源开发利用和保护工作原则和总体要求

一是增加"加强矿产资源和生态环境保护"、"维护矿产资源国家所有者权益和矿业权人合法权益"、"推动矿业高质量发展"、"保障国家矿产资源安全"等作为立法目的；对矿产资源的概念作出界定，增加规定本法适用于开展矿区生态修复活动。

二是增加规定矿产资源开发利用和保护工作坚持中国共产党的领导，贯彻总体国家安全观，统筹发展和安全，统筹国内国际，坚持开发利用与保护并重，遵循保障安全、节约集约、科技支撑、绿色发展的原则。

三是在总结多年来矿产资源监管实践经验的基础上，将地质调查、矿产资源规划等制度上升为法律，明确加强基础性地质调查工作、矿产资源规划编制等要求；增加国家加强战略性矿产资源储备体系和矿产资源应急体系建设，促进矿产资源领域国际合作等规定。

（二）建立矿业权制度

一是实行矿业权物权登记与矿产资源勘查开采行为许可相分离，引入矿业权制度，规定探矿权、采矿权统称矿业权，明确了矿业权的物权属性。

二是优化矿业权取得方式，规定矿业权出让主要通

过招标、拍卖、挂牌等竞争性方式，同时作出例外规定，即法律、行政法规或者国务院规定可以通过协议出让或者其他方式设立的除外。

三是完善矿业权出让启动机制，鼓励单位和个人向自然资源主管部门提供探矿权区块来源，并提出出让申请。

四是规范矿业权出让工作，保障矿业权出让工作与加强矿产资源勘查开采的实际需要相适应。

五是落实平等保护产权、平等参与市场竞争要求，规定通过竞争性方式出让矿业权的，不得以不合理的条件对市场主体实行差别待遇或者歧视待遇。

六是加强对矿业权出让收益征收的规范和引导，明确制定矿业权出让收益征收办法应当有利于调动矿产资源勘查积极性。

七是规定矿业权的收回、转让、出资、抵押等要求，以及无需取得探矿权、无需取得采矿权的法定情形。

(三) 加强矿产资源勘查开采管理

一是明确组织开展地质调查工作，及时汇交原始地质资料、实物地质资料和成果地质资料的要求。

二是适应矿业权制度改革要求，完善勘查开采许可制度，将矿业权取得与勘查许可证、采矿许可证取得分离，规定矿业权人进行矿产资源勘查、开采作业前，应当分别编制勘查方案、开采方案，报原矿业权出让部门批准取得勘查许可证、采矿许可证。

三是维护勘查开采活动秩序，规定矿业权人勘查开采矿产资源可以依法在相邻区域通行，架设相关设施；任何单位和个人不得干扰、破坏矿产资源勘查开采活动正常进行。

四是规定国家鼓励和支持矿业绿色低碳转型发展，加强绿色矿山建设，以及勘查、开采矿产资源应当采用先进适用、符合生态环境保护和安全生产要求的工艺、设备、技术，突出合理开发利用的要求。

五是规定勘查活动结束后，探矿权人及时对勘查区域进行清理的义务，包括清除可能危害公共安全的设施、设备等，对废弃的探坑、探井等实施回填、封堵等。

六是建立资源储量管理制度，明确矿业权人查明可供开采的矿产资源或者发现矿产资源储量发生重大变化的报告义务，并对报告的真实性负责。

（四）完善矿产资源压覆管理

一是将避免、减少压覆矿产资源，优化建设项目空间布局规定为编制国土空间规划的要求。

二是要求建设单位在建设项目论证时，查询占地范围内矿产资源分布和矿业权设置情况，同时规定省级以上自然资源主管部门应当为建设单位提供查询服务。

三是明确建设项目确需压覆已经设置矿业权的矿产资源，对矿业权行使造成直接影响的，建设单位应当与矿业权人协商，并依法给予公平合理的补偿。

四是明确战略性矿产资源原则上不得压覆，确需压覆的，应当经国务院自然资源主管部门或者其授权的省、自治区、直辖市人民政府自然资源主管部门批准。

（五）对矿业用地作出专门规定

一是明确国家完善与矿产资源勘查、开采相适应的矿业用地制度，将保障矿产资源勘查、开采用地需求，规定为编制国土空间规划的要求，从空间规划布局上解决矿产资源勘查、开采必要的用地需求。

二是改变单一供地方式，明确自然资源主管部门保障矿业权人依法通过出让、租赁、作价出资等方式使用土地；开采战略性矿产确需使用农民集体所有土地的，可以依法实施征收。

三是规定勘查矿产资源可以使用临时用地；露天开采战略性矿产资源使用的土地，符合边开采、边复垦条件的，可以使用临时用地，但必须经过科学论证，临时使用的土地属于农用地的，应当恢复种植条件。

四是勘查开采矿产资源的用地期限最长不超过矿业权期限，明确可以按照矿业权的期限延长矿业用地的期限，以确保矿地期限一致。

（六）建立健全矿区生态修复制度

一是明确矿区生态修复应当坚持自然恢复与人工修复相结合，遵循"因地制宜、科学规划、系统治理、合理利用"的原则。

二是合理划分矿区生态修复的责任主体,明确采矿权人应当依法履行矿区生态修复义务;采矿权人的生态修复义务不因采矿权消灭而免除;采矿权转让的,由受让人履行矿区生态修复义务;历史遗留的废弃矿区,矿区生态修复责任人灭失或者无法确认的,由所在地县级以上地方人民政府组织开展矿区生态修复。

三是建立矿区生态修复方案编制制度,明确开采矿产资源前,采矿权人应当编制矿区生态修复方案,随开采方案报原矿业权出让部门批准;采矿权人应当按照经批准的矿区生态修复方案进行矿区生态修复。

四是明确企业的矿区生态修复费用计入生产成本;采矿权人按照规定提取矿区生态修复费用,专门用于矿区生态修复;县级以上人民政府自然资源主管部门会同财政等有关部门加强修复费用监督管理。

五是规定开采矿产资源应当加强对尾矿库建设、运行、闭库等活动的管理,防范生态环境和安全风险。

六是对矿区生态修复应当经验收合格、鼓励社会资本参与矿区生态修复等作出规定

(七) 建立战略性矿产资源保护制度

一是规定国家完善政策措施,加大对战略性矿产资源勘查、开采、贸易、储备等的支持力度,推动战略性矿产资源增加储量和提高产能,推进战略性矿产资源产业优化升级,提升矿产资源安全保障水平。

二是明确省级以上人民政府自然资源主管部门会同有关部门组织开展战略性矿产资源、重点成矿区远景调查和潜力评价的要求。

三是明确战略性矿产资源原则上不得压覆；确需压覆的，应当经国务院自然资源主管部门或者其授权的省、自治区、直辖市人民政府自然资源主管部门批准。

四是对保障开采战略性矿产的用地需求，在征收农民集体所有土地、临时使用土地等方面作出特别规定。

（八）加强对矿业权人合法权益的保护

一是落实民法典关于平等保护物权的原则，不再区分对待国有、集体和个体矿山企业，删除原法中"国有矿山企业是开采矿产资源的主体"、"集体矿山企业和个体采矿"相关内容。

二是建立矿业权收回补偿制度，明确矿业权被收回的，应当依法给予公平、合理的补偿。

三是对油气矿业权实行探采合一制度，明确石油、天然气等矿产资源勘查过程中发现可供开采的石油、天然气的，探矿权人依法履行相关程序后，可以进行开采，但应当在国务院自然资源主管部门规定的期限内依法取得采矿权和采矿许可证。

四是赋予矿业权人优先取得新发现矿产资源的权利，规定矿业权人有权依法优先取得登记的勘查、开采区域内新发现的其他矿产资源的矿业权。

（九）完善监督管理机制

一是建立矿产资源督察制度，规定国务院授权的机构对省、自治区、直辖市人民政府矿产资源开发利用和监督管理情况进行督察。

二是规定县级以上人民政府有关部门的监督检查职责，要求加强对执法活动的监督，明确县级以上人民政府有关部门实施监督检查可以采取的措施，被检查单位及其有关人员配合义务等。

三是建立矿产资源开发利用水平调查评估制度，明确建立矿产资源开发利用水平评估指标体系、全国矿业权分布底图和动态数据库、全国矿产资源监督管理信息系统等要求。

四是规定将矿业权人和从事矿区生态修复等活动的其他单位和个人的信用信息纳入信用记录，对违反矿产资源法律、法规行为的举报。

（十）完善法律责任规定

一是增加规定未取得探矿权勘查矿产资源、超出探矿权登记的勘查区域勘查矿产资源的法律责任，完善未取得采矿权开采矿产资源、超出采矿权登记的开采区域开采矿产资源的法律责任。

二是增加规定建设项目未经批准压覆战略性矿产资源的法律责任。

三是增加规定探矿权人未取得勘查许可证进行矿产

资源勘查作业、采矿权人未取得采矿许可证进行矿产资源开采作业的法律责任。

四是增加规定勘查活动结束后探矿权人未及时对勘查区域进行清理的法律责任。

五是增加规定矿业权人未按照规定编制并报送矿产资源储量报告、故意报送虚假的矿产资源储量报告的法律责任。

六是增加规定采矿权人不履行矿区生态修复义务等的法律责任。

七是增加规定有关机关和组织提起公益诉讼、民事责任、治安管理处罚和刑事责任。

此外，还对境外组织和个人实施危害我国矿产资源安全行为、国际条约适用等作出规定。

《中华人民共和国矿产资源法》
新旧对照与重点解读表*

（左栏黑体部分为增加或修改的内容，
右栏加下划线部分为移动的内容，阴影部分为删去的内容）

修订后	修订前
目　录	目　录
第一章　总则	第一章　总则
第二章　**矿业权**	第二章　矿产资源勘查的登记和开采的审批
第三章　矿产资源勘查、开采	第三章　矿产资源的勘查
第四章　**矿区生态修复**	第四章　矿产资源的开采
第五章　**矿产资源储备和应急**	第五章　集体矿山企业和个体采矿
第六章　**监督管理**	第六章　法律责任
第七章　法律责任	第七章　附则
第八章　附则	

新增第二章"矿业权"，实行矿业权与探矿许可证、采矿许可证分离，剥离了矿业权中的行政许可因素。

将原法第三章"矿产资源的勘查"、第四章"矿产资源的开采"进行整合，调整为第三章"矿产资源勘查、开采"。

新增第四章"矿区生态修复"，将矿区的生态修复作为勘查、开采矿业的必要组成部分，强调生态保护的重要地位。

---

* 以下表格左栏为2024年11月8日第十四届全国人民代表大会常务委员会第十二次会议修订公布的《矿产资源法》，右栏为2009年8月27日第十一届全国人民代表大会常务委员会第十次会议《关于修改部分法律的决定》修正的《矿产资源法》。

新增第五章"矿产资源储备和应急",明确矿产资源储备的法律要求,构建战略性矿产资源储备体系、矿产资源供应安全预测预警体系。

新增第六章"监督管理",明确赋予各级人民政府加强矿产资源保护的法定职责,以及县级以上地方人民政府在矿区生态修复方面的统筹和监管的法定职责。

第一章 总 则

第一条 【立法目的和根据】

修订后	修订前
第一条 为了促进矿产资源合理开发利用，加强矿产资源和生态环境保护，维护矿产资源国家所有者权益和矿业权人合法权益，推动矿业高质量发展，保障国家矿产资源安全，适应全面建设社会主义现代化国家的需要，根据宪法，制定本法。	第一条 为了发展矿业，加强矿产资源的勘查、开发利用和保护工作，保障社会主义现代化建设的当前和长远的需要，根据中华人民共和国宪法，特制定本法。
1. 适应新的发展形势和任务，增加规定"推动矿业高质量发展"、"保障国家矿产资源安全"作为本法的立法目的； 2. 紧扣矿产资源开发利用和保护工作的需要，增加规定"促进矿产资源合理开发利用"、"维护矿产资源国家所有者权益和矿业权人合法权益"作为本法的立法目的； 3. 突出矿产资源和生态环境协同保护的要求，将"加强矿产资源和生态环境保护"作为本法的立法目的。	

第二条 【适用范围和概念】

修订后	修订前
第二条 在中华人民共和国领域及管辖的其他海域勘查、开采矿产资源，开展矿区生态修复等活动，适用本法。	第二条 在中华人民共和国领域及管辖海域勘查、开采矿产资源，必须遵守本法。

本法所称矿产资源,是指由地质作用形成、具有利用价值的,呈固态、液态、气态等形态的自然资源。矿产资源目录由国务院确定并调整。	

1. 在原法的基础上,进一步明确本法适用于开展矿区生态修复等活动。
2. 对矿产资源的概念作出规定,明确由国务院确定并调整矿产资源目录。

第三条 【矿产资源开发利用和保护工作原则】

修订后	修订前
第三条 矿产资源开发利用和保护工作应当坚持中国共产党的领导,贯彻总体国家安全观,统筹发展和安全,统筹国内国际,坚持开发利用与保护并重,遵循保障安全、节约集约、科技支撑、绿色发展的原则。	新增条文

1. 落实党的领导要求,明确矿产资源开发利用和保护工作应当坚持中国共产党的领导。
2. 贯彻总体国家安全观,明确统筹发展和安全,统筹国内国际,坚持开发利用与保护并重。
3. 遵循保障安全、节约集约、科技支撑、绿色发展的原则。

第四条 【矿产资源所有权】

修订后	修订前
第四条 矿产资源属于国家所有，由国务院**代表国家**行使矿产资源的所有权。地表或者地下的矿产资源的国家所有权，不因其所依附的土地的所有权或者使用权的不同而改变。 各级人民政府应当加强矿产资源保护工作。禁止任何单位和个人以任何手段侵占或者破坏矿产资源。	第三条第一款、第二款 矿产资源属于国家所有，由国务院行使国家对矿产资源的所有权。地表或者地下的矿产资源的国家所有权，不因其所依附的土地的所有权或者使用权的不同而改变。 国家保障矿产资源的合理开发利用。禁止任何组织或者个人用任何手段侵占或者破坏矿产资源。各级人民政府必须加强矿产资源的保护工作。

1. 删去原法"国家保障矿产资源的合理开发利用"的规定，相关精神和要求已在本法关于矿产资源开发利用和保护工作原则等规定中体现。
2. 对条文表述进行完善。

第五条 【探矿权、采矿权】

修订后	修订前
第五条 勘查、开采矿产资源应当依法分别取得探矿权、采矿权，**本法另有规定的除外**。 国家保护依法取得的探矿权、采矿权不受侵犯，维护矿产资源勘查、开采区域的生产秩序、工作秩序。	第三条第三款 勘查、开采矿产资源，必须依法分别申请、经批准取得探矿权、采矿权，并办理登记；但是，已经依法申请取得采矿权的矿山企业在划定的矿区范围内为本企业的生产而进行的勘查除外。国家保护探矿权和采矿权不受侵犯，保障矿区和勘查作业区的生产秩序、工作秩序不受影响和破坏。

1. 实行矿业权物权登记与矿产资源勘查、开采行为许可分离的制度，完善取得探矿权、采矿权的有关规定。
2. 在原法的基础上，对国家保护探矿权、采矿权，以及维护相关生产、工作秩序单列一款规定，并完善条文表述。

第六条 【勘查、开采矿产资源费用缴纳】

修订后	修订前
第六条 勘查、开采矿产资源应当按照国家有关规定缴纳费用。国务院可以根据不同情况规定减收或者免收有关费用。 开采矿产资源应当依法缴纳资源税。	第五条 国家实行探矿权、采矿权有偿取得的制度；但是，国家对探矿权、采矿权有偿取得的费用，可以根据不同情况规定予以减缴、免缴。具体办法和实施步骤由国务院规定。 开采矿产资源，必须按照国家有关规定缴纳资源税和资源补偿费。 （移动内容移至新法第十六条中规定）
1. 明确勘查、开采矿产资源缴纳费用的要求，完善减收或者免收有关费用的规定。 2. 考虑到目前资源补偿费已按照国家有关规定并入资源税，调整开采矿产资源需要缴纳费用的项目，从原法规定缴纳资源税和资源补偿费，调整为缴纳资源税。	

第七条 【地质调查制度】

修订后	修订前
第七条 国家建立健全地质调查制度，加强基础性地质调查工作，为矿产资源勘查、开采和保护等提供基础地质资料。	新增条文

根据矿产资源开发利用和保护工作的需要，明确国家建立健全地质调查制度。

第八条 【战略性矿产资源开发利用和保护】

修订后	修订前
第八条 国家完善政策措施，加大对战略性矿产资源勘查、开采、贸易、储备等的支持力度，推动战略性矿产资源增加储量和提高产能，推进战略性矿产资源产业优化升级，提升矿产资源安全保障水平。 战略性矿产资源目录由国务院确定并调整。 对国务院确定的特定战略性矿产资源，按照国家有关规定实行保护性开采。	新增条文

1. 建立战略性矿产资源特殊保护制度，加强对关系国家经济安全、国防安全和战略性新兴产业发展需求的重要矿产资源的保护。
2. 明确对战略性矿产资源实行目录管理，由国务院确定并调整战略性矿产资源目录。
3. 明确对国务院确定的特定战略性矿产资源，实行保护性开采的要求。

第九条 【矿产资源规划】

修订后	修订前
第九条 国家对矿产资源勘查、开采实行统一规划、合理布局、	第七条 国家对矿产资源的勘查、开发实行统一规划、合理布

21

综合勘查、合理开采和综合利用的方针。 　　国务院自然资源主管部门会同国务院发展改革、应急管理、生态环境、工业和信息化、水行政、能源、矿山安全监察等有关部门，依据国家发展规划、全国国土空间规划、地质调查成果等，编制全国矿产资源规划，报国务院或者其授权的部门批准后实施。 　　省级人民政府自然资源主管部门会同有关部门编制本行政区域矿产资源规划，经本级人民政府同意后，报国务院自然资源主管部门批准后实施。 　　设区的市级、县级人民政府自然资源主管部门会同有关部门根据本行政区域内矿产资源状况和实际需要，编制本行政区域矿产资源规划，经本级人民政府同意后，报上一级人民政府自然资源主管部门批准后实施。	局、综合勘查、合理开采和综合利用的方针。

　　在总结多年来矿产资源规划编制实施成功经验的基础上，将矿产资源规划制度上升为法律。主要包括四个方面：

　　一是明确矿产资源规划的层级，包括全国矿产资源规划、省级矿产资源规划、设区的市级和县级矿产资源规划，共四级。

　　二是明确矿产资源规划的编制依据，包括国家发展规划、全国国土空间规划以及地质调查成果。市级、县级矿产资源规划还要依据本行政区域内矿产资源状况和实际需要。

　　三是明确矿产资源规划的编制机关，即全国矿产资源规划由国务院自然资源主管部门会同国家发展改革、应急管理、生态环境、工业和信息化、水行政、能源、矿山安全监察等部门编制；省级、设区的市级和县级矿产资源规划由同级自然资源主管部门会同同级有关部门编制。

四是明确矿产资源规划的审批机关，即全国矿产资源规划由国务院或者国务院授权的部门批准后实施；省级矿产资源规划经省级人民政府同意后，报国务院自然资源主管部门批准后实施；设区的市级和县级矿产资源规划，经本级人民政府同意后，报上一级人民政府自然资源主管部门批准后实施。

第十条　【相关储备、应急体系建设】

修订后	修订前
第十条　国家加强战略性矿产资源储备体系和矿产资源应急体系建设，提升矿产资源应急保供能力和水平。	新增条文
1. 明确国家加强战略性矿产资源储备体系建设。 2. 明确国家加强矿产资源应急体系建设。	

第十一条　【矿产资源相关领域的科技支撑】

修订后	修订前
第十一条　国家鼓励、支持矿产资源勘查、开采、保护和矿区生态修复等领域的科技创新、科技成果应用推广，推动数字化、智能化、绿色化建设，提高矿产资源相关领域的科学技术水平。	第八条　国家鼓励矿产资源勘查、开发的科学技术研究，推广先进技术，提高矿产资源勘查、开发的科学技术水平。
1. 在原法的基础上，进一步明确提高科学技术水平的矿产资源相关领域包括勘查、开采、保护和矿区生态修复等领域。	

2. 丰富和充实条文表述，明确"科技创新、科技成果应用推广，推动数字化、智能化、绿色化建设"等要求。

第十二条 【表彰、奖励】

修订后	修订前
第十二条 对在矿产资源勘查、开采、保护和矿区生态修复工作中做出突出贡献以及在矿产资源相关领域科技创新等方面取得显著成绩的单位和个人，按照国家有关规定给予表彰、奖励。	第九条 在勘查、开发、保护矿产资源和进行科学技术研究等方面成绩显著的单位和个人，由各级人民政府给予奖励。

1. 在原法的基础上，进一步完善给予表彰、奖励的适用对象和适用情形，既包括在矿产资源勘查、开采、保护和矿区生态修复工作中做出突出贡献的单位和个人，也包括在矿产资源相关领域科技创新等方面取得显著成绩的单位和个人。

2. 完善表彰、奖励的实施机制，由原法规定的由各级人民政府给予奖励，调整为按照国家有关规定给予表彰、奖励，充分调动单位和个人参与矿产资源开发利用和保护工作的积极性、主动性。

第十三条 【民族自治地方矿产资源开采】

修订后	修订前
第十三条 国家在民族自治地方开采矿产资源，应当照顾民族自治地方的利益，作出有利于民族自治地方经济建设的安排，照顾当地群众的生产和生活。 民族自治地方的自治机关根据法律规定和国家的统一规划，对	第十条 国家在民族自治地方开采矿产资源，应当照顾民族自治地方的利益，作出有利于民族自治地方经济建设的安排，照顾当地少数民族群众的生产和生活。 民族自治地方的自治机关根据法律规定和国家的统一规划，对

修订后	修订前
可以由本地方开发的矿产资源，优先合理开发利用。	可以由本地方开发的矿产资源，优先合理开发利用。

本条是关于民族自治地方矿产资源开采的规定，主要是就条文表述方面作了完善。

第十四条 【监督管理体制】

修订后	修订前
第十四条 国务院**自然资源**主管部门会同有关部门负责全国矿产资源勘查、开采和矿区生态修复等活动的监督管理工作。 县级以上地方人民政府**自然资源**主管部门会同有关部门负责本行政区域内矿产资源勘查、开采和矿区生态修复等活动的监督管理工作。 国务院授权的机构对省、自治区、直辖市人民政府矿产资源开发利用和监督管理情况进行督察。	第十一条 国务院地质矿产主管部门主管全国矿产资源勘查、开采的监督管理工作。国务院有关主管部门协助国务院地质矿产主管部门进行矿产资源勘查、开采的监督管理工作。 省、自治区、直辖市人民政府地质矿产主管部门主管本行政区域内矿产资源勘查、开采的监督管理工作。省、自治区、直辖市人民政府有关主管部门协助同级地质矿产主管部门进行矿产资源勘查、开采的监督管理工作。

1. 根据党和国家机构改革要求，按照相关"三定方案"规定，完善矿产资源行政监督管理体制，明确县级以上人民政府自然资源主管部门会同有关部门履行监管职责。

2. 完善职责内容，在原法规定矿产资源勘查、开采监管的基础上，进一步增加规定矿区生态修复方面的监管要求。

3. 建立矿产资源督察制度，明确矿产资源督察的主体是国务院授权的机构，督察的对象是省、自治区、直辖市人民政府，督察的内容是矿产资源开发利用情况和监督管理情况。

第十五条 【矿产资源领域国际合作】

修订后	修订前
第十五条 国家坚持平等互利、合作共赢的方针，积极促进矿产资源领域国际合作。	新增条文

明确矿产资源领域国际合作的要求和原则，为积极开展该领域国际合作提供法律依据。由于矿产资源全球空间分布客观上具有不均匀性，世界上没有哪一个国家的矿产资源是应有尽有或者能够完全满足需求。保障国家矿产资源安全，必须用好两种资源、两个市场，促进国内国际双循环。

第二章 矿业权

第十六条 【矿业权有偿取得制度】

修订后	修订前
第十六条 国家实行探矿权、采矿权有偿取得的制度。 探矿权、采矿权统称矿业权。	第五条第一款 国家实行探矿权、采矿权有偿取得的制度；但是，国家对探矿权、采矿权有偿取得的费用，可以根据不同情况规定予以减缴、免缴。具体办法和实施步骤由国务院规定。 （移动内容移至新法第六条中规定）
保留原法规定的探矿权、采矿权有偿取得制度，进一步明确矿业权的概念。	

第十七条 【矿业权出让方式】

修订后	修订前
第十七条 矿业权应当通过招标、拍卖、挂牌等竞争性方式出让，法律、行政法规或者国务院规定可以通过协议出让或者其他方式设立的除外。 矿业权出让权限划分由国务院规定。县级以上人民政府自然资源主管部门按照规定权限组织矿业权出让。	新增条文

矿业权出让应当按照国家规定纳入统一的公共资源交易平台体系。

1. 将实践中行之有效的招标拍卖挂牌出让矿业权的制度上升为法律，规定设立矿业权主要通过竞争性方式出让，明确了竞争性出让在矿业权出让中的地位。这是重大的制度创新，是对矿产资源管理方式和利用方式的根本性变革，对提高矿产资源的开发利用和保护水平具有重要意义。

2. 在全面推进市场化方式设立矿业权的同时，也作出例外规定，明确在有法律、行政法规或者国务院规定的情况下，也可以通过协议出让或者其他方式设立矿业权。

3. 明确国务院对矿业权出让权限划分作出规定，县级以上人民政府自然资源主管部门按照规定权限组织矿业权出让。

4. 明确矿业权出让的实施操作要求，必须按照国家规定纳入统一的公共资源交易平台体系。

第十八条 【矿业权出让启动机制】

修订后	修订前
第十八条 县级以上人民政府自然资源主管部门应当加强对矿业权出让工作的统筹安排，优化矿业权出让工作流程，提高工作效率，保障矿业权出让工作与加强矿产资源勘查、开采的实际需要相适应。矿业权出让应当考虑不同矿产资源特点、矿山最低开采规模、生态环境保护和安全要求等因素。 国家鼓励单位和个人向县级以上人民政府自然资源主管部门提	新增条文

供可供出让的探矿权区块来源；对符合出让条件的，有关人民政府自然资源主管部门应当及时安排出让。

国务院自然资源主管部门应当加强对矿业权出让工作的指导和监督。

法律、行政法规规定在一定区域范围内禁止或者限制开采矿产资源的，应当遵守相关规定。

> 1. 明确县级以上人民政府自然资源主管部门开展矿业权出让工作的具体要求、需要考虑的因素等。
> 2. 明确单位和个人可以向县级以上人民政府自然资源主管部门提供可供出让的探矿权区块来源，以及有关部门应当及时安排出让的要求。
> 3. 规定矿业权出让工作的指导和监督职责，由国务院自然资源主管部门承担。
> 4. 明确矿业权出让应当遵守法律、行政法规的相关规定，不得涉及在一定区域范围内禁止或者限制开采矿产资源。

第十九条 【竞争性方式出让矿业权的要求】

修订后	修订前
第十九条 通过竞争性方式出让矿业权的，出让矿业权的自然资源主管部门（以下称矿业权出让部门）应当提前公告拟出让矿业权的基本情况、竞争规则、受让人的技术能力等条件及其权利义务等事项，不得以不合理的条件对市场主体实行差别待遇或者歧视待遇。	新增条文

明确矿业权出让部门通过竞争性方式出让矿业权的要求：一是提前公告有关事项；二是强调公平、公正对待市场主体，不得实行差别待遇或者歧视待遇。

第二十条 【矿业权出让合同签订及其要求】

修订后	修订前
第二十条 出让矿业权的，矿业权出让部门应当与依法确定的受让人以书面形式签订矿业权出让合同。 矿业权出让合同应当明确勘查或者开采的矿种、区域，勘查、开采、矿区生态修复和安全要求，矿业权出让收益数额与缴纳方式、矿业权的期限等事项；涉及特定战略性矿产资源的，还应当明确保护性开采的有关要求。矿业权出让合同示范文本由国务院自然资源主管部门制定。	新增条文
1. 明确矿业权出让部门与受让人以书面形式签订矿业权出让合同的要求。 2. 明确矿业权出让合同应当载明的事项，对涉及特定战略性矿产资源的合同，还需要明确保护性开采的有关要求。 3. 对国务院自然资源主管部门制定矿业权出让合同示范文本作出规定。	

第二十一条 【矿业权出让收益征收】

修订后	修订前
第二十一条 矿业权出让合同约定的矿业权出让收益数额与缴纳方式等，应当符合国家有关矿业权出让收益征收的规定。 矿业权出让收益征收办法由国务院财政部门会同国务院自然资源主管部门、国务院税务主管部门制定，报国务院批准后执行。制定矿业权出让收益征收办法，应当根据不同矿产资源特点，遵循有利于维护国家权益、调动矿产资源勘查积极性、促进矿业可持续发展的原则，并广泛听取有关方面的意见和建议。	新增条文

1. 明确矿业权出让合同应当按照国家有关矿业权出让收益征收的规定，约定矿业权出让收益数额与缴纳方式等事项。
2. 明确国务院财政部门会同国务院自然资源主管部门、国务院税务主管部门制定矿业权出让收益征收办法，以及报批程序。
3. 明确制定矿业权出让收益征收办法遵循的原则，以及广泛听取意见和建议等要求。

第二十二条 【矿业权设立、变更、转让、抵押和消灭登记、法律效力】

修订后	修订前
第二十二条 设立矿业权的，应当向矿业权出让部门申请矿业权登记。符合登记条件的，矿业权	新增条文

出让部门应当将相关事项记载于矿业权登记簿，并向矿业权人发放矿业权证书。 矿业权变更、转让、抵押和消灭的，应当依法办理登记。 矿业权的设立、变更、转让、抵押和消灭，经依法登记，发生效力；未经登记，不发生效力，法律另有规定的除外。 矿业权登记的具体办法由国务院自然资源主管部门制定。	

> 由于没有专门的矿业权物权登记制度，长期以来，勘查许可证、采矿许可证具有"一证载两权"的特点，即勘查许可证、采矿许可证既是物权证书，也是行政许可证书。为了切实保护矿业权人的合法权益，完善矿产资源管理体制机制，新法规定了矿业权物权登记与矿产资源勘查、开采行为许可相分离的制度。本条对矿业权设立、变更、转让、抵押和消灭登记、法律效力作了规定，具体包括：
>
> 1. 明确矿业权设立、变更、转让、抵押和消灭办理登记的要求、程序和法律效力。
>
> 2. 对国务院自然资源主管部门制定矿业权登记的具体办法作出规定。

第二十三条 【探矿权人、采矿权人的权利】

修订后	修订前
第二十三条 探矿权人在登记的勘查区域内，享有勘查有关矿产资源并依法取得采矿权的权利。 采矿权人在登记的开采区域内，享有开采有关矿产资源并获得采出的矿产品的权利。	新增条文

矿业权人有权依法优先取得登记的勘查、开采区域内新发现的其他矿产资源的矿业权，具体办法由国务院自然资源主管部门制定。 在已经登记的勘查、开采区域内，不得设立其他矿业权，国务院和国务院自然资源主管部门规定可以按照不同矿种分别设立矿业权的除外。	

1. 明确探矿权人在登记的勘查区域内享有的权利：一是勘查有关矿产资源；二是依法取得采矿权。取得采矿权是探矿权人依法享有的一项重要权利内容，是探矿权转为采矿权的基础。

2. 明确采矿权人在登记的开采区域内享有的权利：一是开采有关矿产资源；二是获得采出的矿产。

3. 对登记的勘查、开采区域内新发现的其他矿产资源的矿业权，赋予矿业权人优先取得的权利，同时明确国务院自然资源主管部门制定相关具体办法。

4. 明确除了国务院和国务院自然资源主管部门规定可以按照不同矿种分别设立矿业权外，在已经登记的勘查、开采区域内，不得设立其他矿业权。

第二十四条　【矿业权的期限及续期】

修订后	修订前
第二十四条　探矿权的期限为五年。探矿权期限届满，可以续期，续期最多不超过三次，每次期限为五年；续期时应当按照规定核减勘查区域面积。法律、行政法规另有规定的除外。	新增条文

探矿权人应当按照探矿权出让合同的约定及时开展勘查工作，并每年向原矿业权出让部门报告有关情况；无正当理由未开展或者未实质性开展勘查工作的，探矿权期限届满时不予续期。

采矿权的期限结合矿产资源储量和矿山建设规模确定，最长不超过三十年。采矿权期限届满，登记的开采区域内仍有可供开采的矿产资源的，可以续期；法律、行政法规另有规定的除外。

期限届满未申请续期或者依法不予续期的，矿业权消灭。

1. 延长探矿权期限，《矿产资源勘查区块登记管理办法》规定的探矿权有效期最长是三年，每次延续不得超过两年。本条明确除法律、行政法规另有规定外，探矿权的期限一般为五年，最多可以续期不超过三次，每次期限为五年，同时规定了续期时按照规定核减勘查区域面积的要求。

2. 规定探矿权人每年向原矿业权出让部门履行报告义务，以及探矿权期限届满时不予续期的情形，通过不予延续的方式打击和禁止屯矿行为。

3. 保障采矿权人对采矿区内未消耗的矿产资源可以继续开采，规定采矿权的期限最长不超过三十年；除法律、行政法规另有规定外，采矿权可以续期。

4. 明确矿业权消灭的法定情形，即期限届满未申请续期、依法不予续期。

第二十五条 【探矿权转为采矿权】

修订后	修订前
第二十五条　探矿权人探明可供开采的矿产资源后可以在探矿权期限内申请将其探矿权转为采矿权；法律、行政法规另有规定的除外。原矿业权出让部门应当与该探矿权人签订采矿权出让合同，设立采矿权。 　　为了公共利益的需要，或者因不可抗力或者其他特殊情形，探矿权暂时不能转为采矿权的，探矿权人可以申请办理探矿权保留，原矿业权出让部门应当为其办理。探矿权保留期间，探矿权期限中止计算。	新增条文
1. 规定探矿权转为采矿权制度，明确探矿权人探明可供开采的矿产资源后，可以在探矿权期限内申请将其探矿权转为采矿权，以及与原矿业权出让部门签订采矿权出让合同的要求。 　　2. 明确探矿权人申请办理探矿权保留的情形，以及探矿权期限中止计算的规则。		

第二十六条 【矿业权收回】

修订后	修订前
第二十六条　矿业权期限届满前，为了公共利益的需要，原矿业权出让部门可以依法收回矿业权；矿业权被收回的，应当依法给予公平、合理的补偿。	新增条文

修订后	修订前
自然保护地范围内,可以依法进行符合管控要求的勘查、开采活动,已设立的矿业权不符合管控要求的,应当依法有序退出。	

1. 建立矿业权收回及收回补偿制度,明确矿业权期限届满前矿业权收回的情形,以及给予补偿的要求。
2. 对自然保护地范围内矿业权退出作出专门的规定,为相关的矿业权退出提供法律依据。

第二十七条 【矿业权转让、出资、抵押】

修订后	修订前
第二十七条 矿业权可以依法转让或者出资、抵押等,国家另有规定或者矿业权出让合同另有约定的除外。 矿业权转让的,矿业权出让合同和矿业权登记簿所载明的权利、义务随之转移,国家另有规定或者矿业权出让、转让合同另有约定的除外。 矿业权转让的具体管理办法由国务院制定。	新增条文

1. 明确矿业权可以转让、出资、抵押。
2. 对矿业权转让情形下,矿业权出让合同和矿业权登记簿所载明的权利、义务随之转移作出规定。
3. 明确国务院制定矿业权转让的具体管理办法。

第二十八条 【无需取得探矿权的情形】

修订后	修订前
第二十八条　有下列情形之一的，无需取得探矿权： （一）国家出资勘查矿产资源； （二）采矿权人在登记的开采区域内为开采活动需要进行勘查； （三）国务院和国务院自然资源主管部门规定的其他情形。	新增条文
结合矿产资源管理实际，规定无需取得探矿权的法定情形，包括国家出资勘查矿产资源、采矿权人在登记的开采区域内为开采活动需要进行勘查两种具体情形，以及国务院和国务院自然资源主管部门规定的其他情形。	

第二十九条 【无需取得采矿权的情形】

修订后	修订前
第二十九条　有下列情形之一的，无需取得采矿权： （一）个人为生活自用采挖只能用作普通建筑材料的砂、石、黏土； （二）建设项目施工单位在批准的作业区域和建设工期内，因施工需要采挖只能用作普通建筑材料的砂、石、黏土； （三）国务院和国务院自然资源主管部门规定的其他情形。 有前款第一项、第二项规定情形的，应当遵守省、自治区、直辖市规定的监督管理要求。	新增条文

结合矿产资源管理实际，规定无需取得采矿权的法定情形，包括个人为生活自用采挖只能用作普通建筑材料的砂、石、黏土等两类具体情形，以及国务院和国务院自然资源主管部门规定的其他情形。

第三章 矿产资源勘查、开采

第三十条 【地质调查组织开展】

修订后	修订前
第三十条 县级以上人民政府自然资源主管部门会同有关部门组织开展基础性地质调查;省级以上人民政府自然资源主管部门会同有关部门组织开展战略性矿产资源、重点成矿区远景调查和潜力评价。	新增条文

1. 明确县级以上人民政府自然资源主管部门会同有关部门组织开展基础性地质调查。
2. 明确省级以上人民政府自然资源主管部门会同有关部门组织开展战略性矿产资源、重点成矿区远景调查和潜力评价。

第三十一条 【汇交地质资料】

修订后	修订前
第三十一条 开展地质调查和矿产资源勘查、开采活动,应当按照国家有关规定及时汇交原始地质资料、实物地质资料和成果地质资料。 汇交的地质资料应当依法保管、利用和保护。	第十四条 矿产资源勘查成果档案资料和各类矿产储量的统计资料,实行统一的管理制度,按照国务院规定汇交或者填报。

> 1. 对开展地质调查和矿产资源勘查、开采活动，汇交地质资料的义务作出规定。
> 2. 明确汇交的地质资料依法保管、利用和保护的要求。

第三十二条 【对建设项目压覆矿产资源的限制】

修订后	修订前
第三十二条　编制国土空间规划应当合理规划建设项目的空间布局，避免、减少压覆矿产资源。 建设项目论证时，建设单位应当查询占地范围内矿产资源分布和矿业权设置情况。省级以上人民政府自然资源主管部门应当为建设单位提供查询服务。 建设项目确需压覆已经设置矿业权的矿产资源，对矿业权行使造成直接影响的，建设单位应当在压覆前与矿业权人协商，并依法给予公平、合理的补偿。 战略性矿产资源原则上不得压覆；确需压覆的，应当经国务院自然资源主管部门或者其授权的省、自治区、直辖市人民政府自然资源主管部门批准。	第三十三条　在建设铁路、工厂、水库、输油管道、输电线路和各种大型建筑物或者建筑群之前，建设单位必须向所在省、自治区、直辖市地质矿产主管部门了解拟建工程所在地区的矿产资源分布和开采情况。非经国务院授权的部门批准，不得压覆重要矿床。

在总结多年来矿产资源压覆管理成功经验的基础上，对矿产资源压覆管理作出明确规定，主要包括：

1. 明确编制国土空间规划应当合理规划建设项目的空间布局，避免、减少压覆矿产资源的要求。

2. 明确建设项目论证时，建设单位负有查询占地范围内矿产资源分布和矿业权设置情况的义务，并对省级以上人民政府自然资源主管部门提供查询服务作出规定。

3. 明确建设项目确需压覆已经设置矿业权的矿产资源，对矿业权行使造成直接影响的处理规则。

4. 明确战略性矿产资源原则上不得压覆的要求，同时规定确需压覆的批准权限。

第三十三条 【勘查许可证、采矿许可证】

修订后	修订前
第三十三条　矿业权人依照本法有关规定取得矿业权后，进行矿产资源勘查、开采作业前，应当按照矿业权出让合同以及相关标准、技术规范等，分别编制勘查方案、开采方案，报原矿业权出让部门批准，取得勘查许可证、采矿许可证；未取得许可证的，不得进行勘查、开采作业。矿业权人应当按照经批准的勘查方案、开采方案进行勘查、开采作业；勘查方案、开采方案需要作重大调整的，应当按照规定报原矿业权出让部门批准。	第三条第四款　从事矿产资源勘查和开采的，必须符合规定的资质条件。第十五条　设立矿山企业，必须符合国家规定的资质条件，并依照法律和国家有关规定，由审批机关对其矿区范围、矿山设计或者开采方案、生产技术条件、安全措施和环境保护措施等进行审查；审查合格的，方予批准。

作为物权证书的矿业权证书与作为行政许可证书的勘查许可证、采矿许可证具有不同的法律属性。本条对矿业权人取得矿业权后，依法还应当取得勘查许可证、采矿许可证作出规定。主要包括：

1. 规定矿业权人需要取得勘查许可证、采矿许可证的法定情形，以及取得许可相关的要求和条件。

2. 明确矿业权人按照经批准的勘查方案、开采方案进行作业，以及勘查方案、开采方案需要作重大调整的情况下，必须重新报经批准的要求。

第三十四条 【矿业用地制度】

修订后	修订前
第三十四条 国家完善与矿产资源勘查、开采相适应的矿业用地制度。编制国土空间规划应当考虑矿产资源勘查、开采用地实际需求。勘查、开采矿产资源应当节约集约使用土地。 县级以上人民政府自然资源主管部门应当保障矿业权人依法通过出让、租赁、作价出资等方式使用土地。开采战略性矿产资源确需使用农民集体所有土地的，可以依法实施征收。 勘查矿产资源可以依照土地管理法律、行政法规的规定临时使用土地。露天开采战略性矿产资源占用土地，经科学论证，具备边开采、边复垦条件的，报省级以上人民政府自然资源主管部门批准后，可以临时使用土地；临时使用农用地的，还应当按照国家有关规定及时恢复种植条件、耕地质量或者恢复植被、生产条件，确保原地类数量不减少、质量不下降、农民利益有保障。 勘查、开采矿产资源用地的范围和使用期限应当根据需要确定，使用期限最长不超过矿业权期限。	新增条文

1. 完善矿业用地制度，将保障矿产资源勘查、开采用地需求作为编制国土空间规划的要求，明确对编制国土空间规划考虑矿业用地、节约集约使用土地等作出规定，从空间规划布局上解决矿业必要的用地需求。

2. 改变单一供地模式，明确对矿业权人通过出让、租赁、作价出资等方式使用土地的保障，允许根据勘查、开采矿产资源的不同方式，选择不同的用地方式，也可以选择多种用地方式的组合。

3. 对土地管理法关于土地征收范围作出特别规定，明确开采战略性矿产资源确需使用农民集体所有土地的，可以依法实施征收。

4. 规定勘查矿产资源临时使用土地的法定情形、批准程序和相关要求。

5. 明确勘查、开采矿产资源用地的范围和使用期限确定规则，并规定最长不超过矿业权期限。通过允许按照矿业权的期限延长矿业用地的期限，为确保用地期限与矿业权期限一致提供法律依据。

第三十五条 【勘查、开采矿产资源通行便利】

修订后	修订前
第三十五条 矿业权所在地的县级人民政府自然资源主管部门应当公告矿业权人勘查、开采区域范围。矿业权人在勘查、开采区域内勘查、开采矿产资源，可以依法在相邻区域通行，架设供电、供水、通讯等相关设施。 任何单位和个人不得实施下列行为： （一）进入他人的勘查、开采区域勘查、开采矿产资源； （二）扰乱勘查、开采区域的生产秩序、工作秩序；	第十九条 地方各级人民政府应当采取措施，维护本行政区域内的国有矿山企业和其他矿山企业矿区范围内的正常秩序。 禁止任何单位和个人进入他人依法设立的国有矿山企业和其他矿山企业矿区范围内采矿。

（三）侵占、哄抢矿业权人依法开采的矿产品； （四）其他干扰、破坏矿产资源勘查、开采活动正常进行的行为。	

1. 明确矿业权人勘查、开采区域范围公告的要求。
2. 明确矿业权人在勘查、开采区域内勘查、开采矿产资源，享有通行便利方面的权利。
3. 明确单位和个人不得实施干扰、破坏矿产资源勘查、开采活动正常进行的行为。

第三十六条 【矿产资源勘查过程中发现可供开采的矿产资源的处理】

修订后	修订前
第三十六条 石油、天然气等矿产资源勘查过程中发现可供开采的石油、天然气等矿产资源的，探矿权人依法履行相关程序后，可以进行开采，但应当在国务院自然资源主管部门规定的期限内依法取得采矿权和采矿许可证。	新增条文

建立油气勘查开采合一制度，规定探矿权人在勘查矿产资源过程中，发现可供开采的石油、天然气等矿产资源的情况下，履行相关程序后可以进行开采，同时明确限期取得采矿权和采矿许可证等要求。

第三十七条　【绿色矿山建设】

修订后	修订前
第三十七条　国家鼓励、支持矿业绿色低碳转型发展，加强绿色矿山建设。 勘查、开采矿产资源，应当采用先进适用、符合生态环境保护和安全生产要求的工艺、设备、技术，不得使用国家明令淘汰的工艺、设备、技术。 开采矿产资源应当采取有效措施，避免、减少对矿区森林、草原、耕地、湿地、河湖、海洋等生态系统的破坏，并加强对尾矿库建设、运行、闭库等活动的管理，防范生态环境和安全风险。	第三十一条　开采矿产资源，必须遵守国家劳动安全卫生规定，具备保障安全生产的必要条件。 第三十二条第二款　开采矿产资源，应当节约用地。耕地、草原、林地因采矿受到破坏的，矿山企业应当因地制宜地采取复垦利用、植树种草或者其他利用措施。

1. 明确国家鼓励、支持矿业绿色低碳转型发展，加强绿色矿山建设。
2. 明确勘查、开采矿产资源的工艺、设备、技术等要求。
3. 明确开采矿产资源避免、减少对生态系统的破坏，防范生态环境、安全风险等要求。

第三十八条　【勘查活动结束后探矿权人的义务】

修订后	修订前
第三十八条　勘查活动结束后，探矿权人应当及时对勘查区域进行清理，清除可能危害公共安全的设施、设备等，对废弃的探坑、探井等实施回填、封堵；破坏地表植被的，应当及时恢复。	新增条文

45

| 勘查活动临时占用耕地的，应当及时恢复种植条件和耕地质量；临时占用林地、草地的，应当及时恢复植被和生产条件。 | |

1. 明确勘查活动结束后，探矿权人清理勘查区域的义务，包括清除相关设施、设备，回填、封堵探坑、探井等，恢复地表被破坏的植被等。
2. 对勘查活动临时占用耕地、林地、草地的，探矿权人履行相关的恢复义务作出专门规定。

第三十九条 【开采矿产资源活动的要求】

修订后	修订前
第三十九条 开采矿产资源，应当采取合理的开采顺序、开采方法，并采取有效措施确保矿产资源开采回采率、选矿回收率和综合利用率达到有关国家标准的要求。 开采矿产资源，应当采取有效措施保护地下水资源，并优先使用矿井水。 采矿权人在开采主要矿种的同时，对具有工业价值的共生和伴生矿产应当综合开采、综合利用，防止浪费；对暂时不能综合开采或者必须同时采出但暂时不能综合利用的矿产以及含有有用组分的尾矿，应当采取有效的保护措施，防止损失破坏。	第二十九条 开采矿产资源，必须采取合理的开采顺序、开采方法和选矿工艺。矿山企业的开采回采率、采矿贫化率和选矿回收率应当达到设计要求。 第三十条 在开采主要矿产的同时，对具有工业价值的共生和伴生矿产应当统一规划，综合开采，综合利用，防止浪费；对暂时不能综合开采或者必须同时采出而暂时还不能综合利用的矿产以及含有有用组分的尾矿，应当采取有效的保护措施，防止损失破坏。

国家制定和完善提高矿产资源开采回采率、选矿回收率、综合利用率的激励性政策措施。	

1. 明确开采矿产资源，必须采取合理的开采顺序、开采方法，保护地下水资源、优先使用矿井水等要求。
2. 明确采矿权人在开采主要矿种时，综合开采、综合利用具有工业价值的共生和伴生矿产等要求。
3. 明确国家制定政策措施，激励采矿权人提高矿产资源开采回采率、选矿回收率、综合利用率。

第四十条 【矿产资源储量管理制度】

修订后	修订前
第四十条 国家建立矿产资源储量管理制度，具体办法由国务院制定。 矿业权人查明可供开采的矿产资源或者发现矿产资源储量发生重大变化的，应当按照规定编制矿产资源储量报告并报送县级以上人民政府自然资源主管部门。矿业权人应当对矿产资源储量报告的真实性负责。	新增条文

1. 规定国家建立矿产资源储量管理制度，由国务院制定具体办法。
2. 明确矿业权人查明可供开采的矿产资源或者发现矿产资源储量发生重大变化的，应当履行相关的报告义务。

第四十一条 【闭坑地质报告及闭坑有关要求】

修订后	修订前
第四十一条 采矿权人应当按照国家有关规定将闭坑地质报告报送县级以上地方人民政府自然资源主管部门。 采矿权人应当在矿山闭坑前或者闭坑后的合理期限内采取安全措施、防治环境污染和生态破坏。 县级以上地方人民政府应当组织有关部门加强闭坑的监督管理。	第二十一条 关闭矿山，必须提出矿山闭坑报告及有关采掘工程、不安全隐患、土地复垦利用、环境保护的资料，并按照国家规定报请审查批准。

1. 规定采矿权人报送闭坑地质报告的义务。
2. 明确采矿权人在矿山闭坑前后的合理期限内采取安全措施等义务。
3. 规定有关部门加强对闭坑进行监督管理的职责。

第四十二条 【遵守有关法律、法规的义务】

修订后	修订前
第四十二条 勘查、开采矿产资源，应当遵守有关生态环境保护、安全生产、职业病防治等法律、法规的规定，防止污染环境、破坏生态，预防和减少生产安全事故，预防发生职业病。	第三十二条第一款 开采矿产资源，必须遵守有关环境保护的法律规定，防止污染环境。

明确勘查、开采矿产资源，应当遵守有关法律、法规的义务，包括生态环境保护、安全生产、职业病防治等方面规定。

第四十三条 【发现重要地质遗迹等的保护和报告义务】

修订后	修订前
第四十三条 勘查、开采矿产资源时发现**重要**地质**遗迹、古生物化石和**文物**的**,应当加以保护并及时报告有关部门。	第二十二条 勘查、开采矿产资源时,发现具有重大科学文化价值的罕见地质现象以及文化古迹,应当加以保护并及时报告有关部门。
在原法基础上,完善重要发现报告制度,明确勘查、开采矿产资源时发现重要地质遗迹、古生物化石和文物的情况下,探矿权人、采矿权人负有保护和及时报告的义务。	

第四章 矿区生态修复

第四十四条 【矿区生态修复的原则、职责】

修订后	修订前
第四十四条 矿区生态修复应当坚持自然恢复与人工修复相结合，遵循因地制宜、科学规划、系统治理、合理利用的原则，采取工程、技术、生物等措施，做好地质环境恢复治理、地貌重塑、植被恢复、土地复垦等。涉及矿区污染治理的，应当遵守相关法律法规和技术标准等要求。 国务院自然资源主管部门会同国务院生态环境主管部门等有关部门制定矿区生态修复技术规范。 国务院生态环境主管部门指导、协调和监督矿区生态修复工作。 县级以上地方人民政府应当加强对矿区生态修复工作的统筹和监督，保障矿区生态修复与污染防治、水土保持、植被恢复等协同实施，提升矿区生态环境保护和恢复效果。	新增条文

1. 规定矿区生态修复应当坚持的原则、措施和要求。
2. 明确国家层面制定矿区生态修复技术规范，指导、协调和监督矿区生态修复等职责和工作要求。

3. 明确地方层面加强对矿区生态修复工作的统筹和监督，保障矿区生态修复与污染防治、水土保持等协同实施要求。

第四十五条 【生态修复义务主体】

修订后	修订前
第四十五条 因开采矿产资源导致矿区生态破坏的，采矿权人应当依法履行生态修复义务。采矿权人的生态修复义务不因采矿权消灭而免除。 采矿权转让的，由受让人履行矿区生态修复义务，国家另有规定或者矿业权出让、转让合同另有约定的除外。 历史遗留的废弃矿区，矿区生态修复责任人灭失或者无法确认的，由所在地县级以上地方人民政府组织开展矿区生态修复。 国家鼓励社会资本参与矿区生态修复。	新增条文

1. 规定采矿权人的生态修复义务，明确生态修复义务不因采矿权消灭而免除。
2. 规定在采矿权转让的情况下，除国家另有规定或者矿业权出让、转让合同另有约定外，由受让人履行矿区生态修复义务。
3. 明确矿区所在地县级以上地方人民政府组织开展矿区生态修复的情形。
4. 对国家鼓励社会资本参与矿区生态修复作出规定。

第四十六条 【编制矿区生态修复方案】

修订后	修订前
第四十六条 开采矿产资源前，采矿权人应当依照法律、法规和国务院自然资源主管部门的规定以及矿业权出让合同编制矿区生态修复方案，随开采方案报原矿业权出让部门批准。矿区生态修复方案应当包括尾矿库生态修复的专门措施。 编制矿区生态修复方案，应当在矿区涉及的有关范围内公示征求意见，并专门听取矿区涉及的居民委员会、村民委员会、农村集体经济组织和居民代表、村民代表的意见。	新增条文

1. 规定采矿权人编制矿区生态修复方案的时间节点、具体要求、报批程序等。
2. 对矿区生态修复方案应当包括尾矿库生态修复的专门措施作出专门规定。
3. 明确编制矿区生态修复方案，在相关范围内公示征求意见、专门听取各方面的意见等要求。

第四十七条 【矿区生态修复方案实施要求】

修订后	修订前
第四十七条 采矿权人应当按照经批准的矿区生态修复方案进行矿区生态修复。能够边开采、边修复的，应当边开采、边修复；	新增条文

能够分区、分期修复的，应当分区、分期修复；不能边开采、边修复或者分区、分期修复的，应当在矿山闭坑前或者闭坑后的合理期限内及时修复。	
规定采矿权人实施矿区生态修复方案的要求，区分矿区生态修复不同情况和需要，采取边开采、边修复，分区、分期修复，在矿山闭坑前或者闭坑后的合理期限内及时修复等方式。	

第四十八条 【矿区生态修复验收】

修订后	修订前
第四十八条 矿区生态修复由县级以上地方人民政府自然资源主管部门会同生态环境主管部门等有关部门组织验收。验收应当邀请有关专家以及矿区涉及的居民委员会、村民委员会、农村集体经济组织和居民代表、村民代表参加，验收结果应当向社会公布。 矿区生态修复分区、分期进行的，应当分区、分期验收。	新增条文
1. 明确矿区生态修复组织验收的部门职责，以及邀请有关专家、有关方面代表参加，验收结果向社会公布等要求。 2. 明确矿区生态修复分区、分期进行的，分区、分期验收的要求。	

53

第四十九条 【矿区生态修复费用】

修订后	修订前
第四十九条 采矿权人应当按照规定提取矿区生态修复费用，专门用于矿区生态修复。矿区生态修复费用计入成本。 县级以上人民政府自然资源主管部门应当会同财政等有关部门对矿区生态修复费用的提取、使用情况进行监督检查。 矿区生态修复费用提取、使用和监督管理的具体办法由国务院财政部门会同国务院自然资源主管部门制定。	新增条文

  1. 规定采矿权人提取矿区生态修复费用的义务，以及矿区生态修复费用专门用于矿区生态修复、计入成本等要求。

  2. 规定对矿区生态修复费用的提取、使用情况进行监督检查的部门职责。

  3. 明确国务院财政部门会同国务院自然资源主管部门制定矿区生态修复费用提取、使用和监督管理的具体办法。

第五章 矿产资源储备和应急

第五十条 【战略性矿产资源储备体系】

修订后	修订前
第五十条 国家构建产品储备、产能储备和产地储备相结合的战略性矿产资源储备体系,科学合理确定储备结构、规模和布局并动态调整。	新增条文

规定国家构建战略性矿产资源储备体系,同时明确产品储备、产能储备和产地储备相结合,科学合理确定储备结构、规模和布局并动态调整等要求。

第五十一条 【战略性矿产资源储备设施建设】

修订后	修订前
第五十一条 国务院发展改革、财政、物资储备、能源等有关部门和省、自治区、直辖市人民政府应当按照国家有关规定加强战略性矿产资源储备设施建设,组织实施矿产品储备,建立灵活高效的收储、轮换、动用机制。	新增条文

规定加强战略性矿产资源储备设施建设的部门职责,明确组织实施矿产品储备,建立灵活高效的收储、轮换、动用机制等要求。

第五十二条 【开采战略性矿产资源的采矿权人义务】

修订后	修订前
第五十二条 开采战略性矿产资源的采矿权人应当按照国家有关规定，落实产能储备责任，合理规划生产能力，确保应急增产需要。	新增条文
对开采战略性矿产资源的采矿权人的义务作出专门规定，即按照国家有关规定，落实产能储备责任，合理规划生产能力，确保应急增产需要。	

第五十三条 【战略性矿产资源储备地】

修订后	修订前
第五十三条 国务院自然资源主管部门会同有关部门，根据保障国家矿产资源安全需要，结合资源储量、分布情况及其稀缺和重要程度等因素，划定战略性矿产资源储备地。 战略性矿产资源储备地管理办法由国务院自然资源主管部门会同有关部门制定。	新增条文
1. 规定划定战略性矿产资源储备地的部门职责、考虑因素等。 2. 明确国务院自然资源主管部门会同有关部门制定战略性矿产资源储备地管理办法。	

第五十四条 【矿产资源供应安全预测预警体系】

修订后	修订前
第五十四条 国家建立和完善矿产资源供应安全预测预警体系，提高预测预警能力和水平，及时对矿产品供求变化、价格波动以及安全风险状况等进行预测预警。	新增条文

规定矿产资源供应安全预测预警体系，对矿产品供求变化、价格波动以及安全风险状况等进行预测预警。

第五十五条 【出现矿产资源应急状态时的应急处置措施】

修订后	修订前
第五十五条 出现矿产品供需严重失衡、经济社会发展和人民生活受到重大影响等矿产资源应急状态的，省级以上人民政府应当按照职责权限及时启动应急响应，可以依法采取下列应急处置措施： （一）发布矿产品供求等相关信息； （二）紧急调度矿产资源开采以及矿产品运输、供应； （三）在战略性矿产资源储备地等区域组织实施矿产资源应急性开采； （四）动用矿产品储备； （五）实施价格干预措施、紧急措施；	新增条文

57

(六)其他必要措施。

出现矿产资源应急状态时,有关单位和个人应当服从统一指挥和安排,承担相应的应急义务,配合采取应急处置措施,协助维护市场秩序。

因执行应急处置措施给有关单位、个人造成损失的,应当按照有关规定给予补偿。

矿产资源应急状态消除后,省级以上人民政府应当按照职责权限及时终止实施应急处置措施。

1. 规定出现矿产资源应急状态时,启动应急响应的主体、可以依法采取的应急处置措施。

2. 明确出现矿产资源应急状态时,有关单位和个人的应急义务。

3. 明确因执行应急处置措施给有关单位、个人造成损失的,按照有关规定给予补偿。

4. 规定终止实施应急处置措施的要求和主体。

第六章　监督管理

第五十六条　【部门监督管理职责】

修订后	修订前
第五十六条　县级以上人民政府自然资源主管部门和其他有关部门应当按照职责分工，加强对矿产资源勘查、开采和矿区生态修复等活动的监督检查，依法及时查处违法行为。 上级人民政府自然资源主管部门和其他有关部门应当加强对下级人民政府自然资源主管部门和其他有关部门执法活动的监督。	新增条文

1. 规定对矿产资源勘查、开采和矿区生态修复等活动进行监督管理的部门职责。
2. 明确上级人民政府自然资源主管部门和其他有关部门加强对下级人民政府自然资源主管部门和其他有关部门执法活动监督的要求。

第五十七条　【监督检查措施】

修订后	修订前
第五十七条　县级以上人民政府自然资源主管部门和其他有关部门实施监督检查，可以采取下列措施：	新增条文

（一）进入勘查、开采区域等实施现场查验、勘测；

（二）询问与检查事项有关的人员，要求其对有关事项作出说明；

（三）查阅、复制与检查事项有关的文件、资料；

（四）查封、扣押直接用于违法勘查、开采的工具、设备、设施、场所以及违法采出的矿产品；

（五）法律、法规规定的其他措施。

自然资源主管部门和其他有关部门依法实施监督检查，被检查单位及其有关人员应当予以配合，不得拒绝、阻碍。

自然资源主管部门和其他有关部门及其工作人员对监督检查过程中知悉的国家秘密、商业秘密、个人隐私和个人信息依法负有保密义务。

1. 规定有关部门实施监督检查可以采取的措施，包括进入勘查、开采区域等实施现场查验、勘测，询问与检查事项有关的人员，要求其对有关事项作出说明等四类措施，以及法律、法规规定的其他措施。

2. 明确被检查单位及其有关人员的配合义务，以及有关部门及其工作人员的保密义务。

第五十八条 【矿产资源开发利用水平调查评估制度】

修订后	修订前
第五十八条 国家建立矿产资源开发利用水平调查评估制度。	新增条文

60

修订后	修订前
国务院自然资源主管部门建立矿产资源开发利用水平评估指标体系。县级以上人民政府自然资源主管部门应当加强对矿产资源勘查、开采情况的汇总、分析，并定期进行评估，提出节约集约开发利用矿产资源等方面的改进措施。	

1. 规定国家建立矿产资源开发利用水平调查评估制度。
2. 明确国务院自然资源主管部门建立矿产资源开发利用水平评估指标体系的要求，以及县级以上人民政府自然资源主管部门相关的职责。

第五十九条 【全国矿业权分布底图和动态数据库、矿产资源监督管理信息系统】

修订后	修订前
第五十九条　国务院自然资源主管部门建立全国矿业权分布底图和动态数据库。 国务院自然资源主管部门组织建立全国矿产资源监督管理信息系统，提升监管和服务效能，依法及时公开监管和服务信息，并做好信息共享工作。	新增条文

1. 规定建立全国矿业权分布底图和动态数据库的要求。
2. 规定建立全国矿产资源监督管理信息系统的要求。

第六十条 【信用监管】

修订后	修订前
第六十条 县级以上人民政府自然资源主管部门应当按照国家有关规定，将矿业权人和从事矿区生态修复等活动的其他单位和个人的信用信息记入信用记录。	新增条文

规定对矿业权人和从事矿区生态修复等活动的其他单位和个人采取信用监管措施。

第六十一条 【对违反矿产资源法律、法规行为的举报】

修订后	修订前
第六十一条 地任何单位和个人对违反矿产资源法律、法规的行为，有权向县级以上人民政府自然资源主管部门和其他有关部门举报，接到举报的部门应当及时依法处理。	新增条文

规定单位和个人对违反矿产资源法律、法规行为进行举报的权利，以及有关部门及时依法处理的要求。

第七章 法律责任

第六十二条 【有关部门工作人员的法律责任】

修订后	修订前
第六十二条 县级以上人民政府自然资源主管部门和其他有关部门的工作人员在矿产资源勘查、开采和矿区生态修复等活动的监督管理工作中滥用职权、玩忽职守、徇私舞弊的，依法给予处分。	第四十七条 负责矿产资源勘查、开采监督管理工作的国家工作人员和其他有关国家工作人员徇私舞弊、滥用职权或者玩忽职守，违反本法规定批准勘查、开采矿产资源和颁发勘查许可证、采矿许可证，或者对违法采矿行为不依法予以制止、处罚，构成犯罪的，依法追究刑事责任；不构成犯罪的，给予行政处分。违法颁发的勘查许可证、采矿许可证，上级人民政府地质矿产主管部门有权予以撤销。

1. 规定县级以上人民政府自然资源主管部门和其他有关部门的工作人员，在矿产资源勘查、开采和矿区生态修复等活动的监督管理工作中滥用职权、玩忽职守、徇私舞弊的法律责任。
2. 承担法律责任的方式是给予处分。

第六十三条 【未取得探矿权勘查矿产资源等法律责任】

修订后	修订前
第六十三条 违反本法规定，未取得探矿权勘查矿产资源的，由	新增条文

县级以上人民政府自然资源主管部门责令停止违法行为，没收违法所得以及直接用于违法勘查的工具、设备，并处十万元以上一百万元以下罚款；拒不停止违法行为的，可以责令停业整顿。

超出探矿权登记的勘查区域勘查矿产资源的，依照前款规定处罚；拒不停止违法行为，情节严重的，原矿业权出让部门可以吊销其勘查许可证。

1. 规定未取得探矿权勘查矿产资源、超出探矿权登记的勘查区域勘查矿产资源的法律责任，违法行为的实施主体可以是"任何单位和个人"。

2. 承担法律责任的方式是给予没收违法所得、没收非法财物、罚款、吊销许可证等行政处罚。

第六十四条 【未取得采矿权开采矿产资源等法律责任】

修订后	修订前
第六十四条 违反本法规定，未取得采矿权开采矿产资源的，由县级以上人民政府自然资源主管部门责令停止违法行为，没收直接用于违法开采的工具、设备以及违法采出的矿产品，并处违法采出的矿产品市场价值三倍以上五倍以下罚款；没有采出矿产品或者违法采出的矿产品市场价值不足十万元的，并处十万元以上一百万元以下罚款；拒不停止违法行为的，可以责令停业整顿。	第三十九条 违反本法规定，未取得采矿许可证擅自采矿的，擅自进入国家规划矿区、对国民经济具有重要价值的矿区范围采矿的，擅自开采国家规定实行保护性开采的特定矿种的，责令停止开采、赔偿损失，没收采出的矿产品和违法所得，可以并处罚款；拒不停止开采，造成矿产资源破坏的，依照刑法有关规定对直接责任人员追究刑事责任。 单位和个人进入他人依法设立

超出采矿权登记的开采区域开采矿产资源的，依照前款规定处罚；拒不停止违法行为，情节严重的，原矿业权出让部门可以吊销其采矿许可证。 违反本法规定，从事石油、天然气等矿产资源勘查活动，未在国务院自然资源主管部门规定的期限内依法取得采矿权进行开采的，依照本条第一款规定处罚。	的国有矿山企业和其他矿山企业矿区范围内采矿的，依照前款规定处罚。 第四十条 超越批准的矿区范围采矿的，责令退回本矿区范围内开采、赔偿损失，没收越界开采的矿产品和违法所得，可以并处罚款；拒不退回本矿区范围内开采，造成矿产资源破坏的，吊销采矿许可证，依照刑法有关规定对直接责任人员追究刑事责任。

1. 规定未取得采矿权开采矿产资源、超出采矿权登记的开采区域开采矿产资源等的法律责任，违法行为的实施主体可以是"任何单位和个人"。
2. 承担法律责任的方式是给予没收违法所得、没收非法财物、罚款、吊销许可证等行政处罚。

第六十五条 【建设项目未经批准压覆战略性矿产资源的法律责任】

修订后	修订前
第六十五条 违反本法规定，建设项目未经批准压覆战略性矿产资源的，由县级以上人民政府自然资源主管部门责令改正，处十万元以上一百万元以下罚款。	新增条文

1. 规定建设项目未经批准压覆战略性矿产资源的法律责任。
2. 承担法律责任的方式是给予罚款的行政处罚。

第六十六条 【探矿权人未取得勘查许可证进行矿产资源勘查作业的法律责任】

修订后	修订前
第六十六条 违反本法规定，探矿权人未取得勘查许可证进行矿产资源勘查作业的，由县级以上人民政府自然资源主管部门责令改正；拒不改正的，没收违法所得以及直接用于违法勘查的工具、设备，处十万元以上五十万元以下罚款，并可以责令停业整顿。	新增条文

1. 规定探矿权人未取得勘查许可证进行矿产资源勘查作业的法律责任。
2. 承担法律责任的方式是给予没收违法所得、没收非法财物、罚款、责令停业整顿等行政处罚。

第六十七条 【采矿权人未取得采矿许可证进行矿产资源开采作业的法律责任】

修订后	修订前
第六十七条 违反本法规定，采矿权人未取得采矿许可证进行矿产资源开采作业的，由县级以上人民政府自然资源主管部门责令改正；拒不改正的，没收直接用于违法开采的工具、设备以及违法采出的矿产品，处违法采出的矿产品市场价值一倍以上三倍以下罚款，没有采出矿产品或者违法采出的矿产品市场价值不足十万	新增条文

元的，处十万元以上五十万元以下罚款，并可以责令停业整顿。

违反本法规定，从事石油、天然气等矿产资源勘查活动，未在国务院自然资源主管部门规定的期限内依法取得采矿许可证进行开采的，依照前款规定处罚。

1. 规定采矿权人未取得采矿许可证进行矿产资源开采作业的法律责任。
2. 承担法律责任的方式是给予没收违法所得、没收非法财物、罚款、责令停业整顿等行政处罚。

第六十八条 【违反规定造成矿产资源破坏的法律责任】

修订后	修订前
第六十八条　违反本法规定，有下列情形之一，造成矿产资源破坏的，由县级以上人民政府自然资源主管部门责令改正，处十万元以上五十万元以下罚款；拒不改正的，可以责令停业整顿；情节严重的，原矿业权出让部门可以吊销其勘查许可证、采矿许可证： （一）未按照经批准的勘查方案、开采方案进行矿产资源勘查、开采作业； （二）采取不合理的开采顺序、开采方法开采矿产资源； （三）矿产资源开采回采率、选矿回收率和综合利用率未达到有关国家标准的要求。	第四十四条　违反本法规定，采取破坏性的开采方法开采矿产资源的，处以罚款，可以吊销采矿许可证；造成矿产资源严重破坏的，依照刑法有关规定对直接责任人员追究刑事责任。

违反本法规定，未按照保护性开采要求开采特定战略性矿产资源的，依照前款规定处罚；法律、行政法规另有规定的，依照其规定。	

1. 规定违反有关规定，造成矿产资源破坏，以及未按照保护性开采要求开采特定战略性矿产资源的法律责任。
2. 承担法律责任的方式是给予罚款、责令停业整顿、吊销许可证等行政处罚。

第六十九条 【勘查活动结束后探矿权人未及时对勘查区域进行清理等法律责任】

修订后	修订前
第六十九条 违反本法规定，勘查活动结束后探矿权人未及时对勘查区域进行清理或者未及时恢复受到破坏的地表植被的，由县级以上人民政府自然资源主管部门责令改正，可以处五万元以下罚款；拒不改正的，处五万元以上十万元以下罚款，由县级以上人民政府自然资源主管部门确定有关单位代为清理、恢复，所需费用由探矿权人承担。	新增条文

1. 规定勘查活动结束后，探矿权人未及时对勘查区域进行清理或者未及时恢复受到破坏的地表植被的法律责任。
2. 承担法律责任的方式是给予罚款的行政处罚，并规定了代履行措施。

第七十条 【未按照规定汇交地质资料等法律责任】

修订后	修订前
第七十条 未按照规定汇交地质资料，或者矿业权人未按照规定编制并报送矿产资源储量报告的，由县级以上人民政府自然资源主管部门责令改正，处二万元以上十万元以下罚款；情节严重的，处十万元以上五十万元以下罚款。 矿业权人故意报送虚假的矿产资源储量报告的，由县级以上人民政府自然资源主管部门没收违法所得，并处二十万元以上一百万元以下罚款；情节严重的，由原矿业权出让部门收回矿业权。	新增条文

> 1. 规定未按照规定汇交地质资料，或者矿业权人未按照规定编制并报送矿产资源储量报告，矿业权人故意报送虚假的矿产资源储量报告的法律责任。
> 2. 承担法律责任的方式是给予罚款、没收违法所得等行政处罚。

第七十一条 【采矿权人不履行矿区生态修复义务等法律责任】

修订后	修订前
第七十一条 违反本法规定，采矿权人不履行矿区生态修复义务或者未按照经批准的矿区生态修复方案进行矿区生态修复的，由县级以上人民政府自然资源主管部门责令改正，可以处矿区生态	新增条文

69

修订后	修订前
修复所需费用二倍以下罚款；拒不改正的，处矿区生态修复所需费用二倍以上五倍以下罚款，由县级以上人民政府自然资源主管部门确定有关单位代为修复，所需费用由采矿权人承担。	

  1. 规定采矿权人不履行矿区生态修复义务或者未按照经批准的矿区生态修复方案进行矿区生态修复的法律责任。
  2. 承担法律责任的方式是给予罚款的行政处罚，并规定了代履行措施。

第七十二条 【有关单位和个人不承担应急义务的法律责任】

修订后	修订前
第七十二条 出现矿产资源应急状态时，有关单位和个人违反本法规定，不服从统一指挥和安排、不承担相应的应急义务或者不配合采取应急处置措施的，由省级以上人民政府自然资源主管部门或者其他有关部门责令改正，给予警告或者通报批评；拒不改正的，对单位处十万元以上五十万元以下罚款，根据情节轻重，可以责令停业整顿或者依法吊销相关许可证件，对个人处一万元以上五万元以下罚款。	新增条文

  1. 规定出现矿产资源应急状态时，有关单位和个人违反本法规定，不服从统一指挥和安排、不承担相应的应急义务或者不配合采取应急处置措施的法律责任。

2.承担法律责任的方式是给予警告或者通报批评、罚款、责令停业整顿、吊销许可证等行政处罚。

第七十三条 【矿业权人拒绝、阻碍监督检查等法律责任】

修订后	修订前
第七十三条 违反本法规定，矿业权人拒绝、阻碍监督检查，或者在接受监督检查时弄虚作假的，由县级以上人民政府自然资源主管部门或者其他有关部门责令改正；拒不改正的，处二万元以上十万元以下罚款。	第四十八条 以暴力、威胁方法阻碍从事矿产资源勘查、开采监督管理工作的国家工作人员依法执行职务的，依照刑法有关规定追究刑事责任；拒绝、阻碍从事矿产资源勘查、开采监督管理工作的国家工作人员依法执行职务未使用暴力、威胁方法的，由公安机关依照治安管理处罚法的规定处罚。
1.规定矿业权人拒绝、阻碍监督检查，或者在接受监督检查时弄虚作假的法律责任。 2.承担法律责任的方式是给予罚款的行政处罚。	

第七十四条 【有关机关和组织提起公益诉讼】

修订后	修订前
第七十四条 违反本法规定，破坏矿产资源或者污染环境、破坏生态，损害国家利益、社会公共利益的，人民检察院、法律规定的机关和有关组织可以依法向人民法院提起诉讼。	新增条文

71

> 1. 对破坏矿产资源或者污染环境、破坏生态，损害国家利益、社会公共利益的行为，有关机关和组织提起公益诉讼作出规定。
> 2. 提起公益诉讼的主体，包括三类：一是人民检察院；二是法律规定的机关；三是有关组织。

第七十五条 【民事责任、治安管理处罚及刑事责任】

修订后	修订前
第七十五条 违反本法规定，造成他人人身财产损害或者生态环境损害的，依法承担民事责任；构成违反治安管理行为的，依法给予治安管理处罚；构成犯罪的，依法追究刑事责任。	新增条文

本条对民事责任、治安管理处罚及刑事责任作出原则性规定，其性质属于法律援引条款和衔接性规定。实践中，受害人要求单位或者个人承担赔偿责任，追究治安管理处罚及刑事责任的直接法律依据，应当是《民法典》、《民事诉讼法》、《治安管理处罚法》、《刑法》等相关法律规范。

第七十六条 【法律适用衔接】

修订后	修订前
第七十六条 勘查、开采矿产资源、开展矿区生态修复，违反有关生态环境保护、安全生产、职业病防治、土地管理、林业草原、文物保护等法律、行政法规的，依照有关法律、行政法规的规定处理、处罚。	新增条文

明确法律适用衔接规则。

第八章 附 则

第七十七条 【外商投资勘查、开采矿产资源法律适用】

修订后	修订前
第七十七条 外商投资勘查、开采矿产资源，法律、行政法规另有规定的，**依照其规定**。	第五十条 外商投资勘查、开采矿产资源，法律、行政法规另有规定的，**从其规定**。
本条是关于外商投资勘查、开采矿产资源的法律适用规定，作了文字表述方面的修改。	

第七十八条 【实施危害中华人民共和国国家矿产资源安全行为责任追究】

修订后	修订前
第七十八条 中华人民共和国境外的组织和个人，实施危害中华人民共和国国家矿产资源安全行为的，依法追究其法律责任。	新增条文
规定实施危害中华人民共和国国家矿产资源安全行为的责任追究。	

第七十九条 【国际条约适用】

修订后	修订前
第七十九条 中华人民共和国缔结或者参加的国际条约与本法	新增条文

有不同规定的，适用国际条约的规定；但是，中华人民共和国声明保留的条款除外。	

规定国际条约适用。

第八十条 【施行日期】

修订后	修订前
第八十条 本法自 **2025** 年 **7** 月 **1** 日**起**施行。	第五十三条 本法自 1986 年 10 月 1 日施行。

修订是对法律条文作出全面修改，重新公布法律文本代替原来的法律文本，因此重新确定法律施行日期。立法机关经与有关方面研究，确定修订后的矿产资源法的施行日期为 2025 年 7 月 1 日，为有关方面准确有效实施法律留出准备时间。

中华人民共和国主席令

第三十六号

《中华人民共和国矿产资源法》已由中华人民共和国第十四届全国人民代表大会常务委员会第十二次会议于2024年11月8日修订通过，现予公布，自2025年7月1日起施行。

中华人民共和国主席　习近平

2024年11月8日

中华人民共和国矿产资源法

（1986年3月19日第六届全国人民代表大会常务委员会第十五次会议通过 根据1996年8月29日第八届全国人民代表大会常务委员会第二十一次会议《关于修改〈中华人民共和国矿产资源法〉的决定》第一次修正 根据2009年8月27日第十一届全国人民代表大会常务委员会第十次会议《关于修改部分法律的决定》第二次修正 2024年11月8日第十四届全国人民代表大会常务委员会第十二次会议修订）

目　录

第一章　总　　则

第二章　矿　业　权

第三章　矿产资源勘查、开采

第四章　矿区生态修复

第五章　矿产资源储备和应急

第六章　监督管理

第七章　法律责任

第八章　附　　则

第一章　总　　则

第一条　为了促进矿产资源合理开发利用，加强矿产资源和生态环境保护，维护矿产资源国家所有者权益和矿业权人合法权益，推动矿业高质量发展，保障国家矿产资源安全，适应全面建设社会主义现代化国家的需要，根据宪法，制定本法。

第二条　在中华人民共和国领域及管辖的其他海域勘查、开采矿产资源，开展矿区生态修复等活动，适用本法。

本法所称矿产资源，是指由地质作用形成、具有利用价值的，呈固态、液态、气态等形态的自然资源。矿产资源目录由国务院确定并调整。

第三条　矿产资源开发利用和保护工作应当坚持中国共产党的领导，贯彻总体国家安全观，统筹发展和安全，统筹国内国际，坚持开发利用与保护并重，遵循保障安全、节约集约、科技支撑、绿色发展的原则。

第四条　矿产资源属于国家所有，由国务院代表国家行使矿产资源的所有权。地表或者地下的矿产资源的国家所有权，不因其所依附的土地的所有权或者使用权的不同而改变。

各级人民政府应当加强矿产资源保护工作。禁止任何单位和个人以任何手段侵占或者破坏矿产资源。

第五条 勘查、开采矿产资源应当依法分别取得探矿权、采矿权，本法另有规定的除外。

国家保护依法取得的探矿权、采矿权不受侵犯，维护矿产资源勘查、开采区域的生产秩序、工作秩序。

第六条 勘查、开采矿产资源应当按照国家有关规定缴纳费用。国务院可以根据不同情况规定减收或者免收有关费用。

开采矿产资源应当依法缴纳资源税。

第七条 国家建立健全地质调查制度，加强基础性地质调查工作，为矿产资源勘查、开采和保护等提供基础地质资料。

第八条 国家完善政策措施，加大对战略性矿产资源勘查、开采、贸易、储备等的支持力度，推动战略性矿产资源增加储量和提高产能，推进战略性矿产资源产业优化升级，提升矿产资源安全保障水平。

战略性矿产资源目录由国务院确定并调整。

对国务院确定的特定战略性矿产资源，按照国家有关规定实行保护性开采。

第九条 国家对矿产资源勘查、开采实行统一规划、合理布局、综合勘查、合理开采和综合利用的方针。

国务院自然资源主管部门会同国务院发展改革、应急管理、生态环境、工业和信息化、水行政、能源、矿山安全监察等有关部门,依据国家发展规划、全国国土空间规划、地质调查成果等,编制全国矿产资源规划,报国务院或者其授权的部门批准后实施。

省级人民政府自然资源主管部门会同有关部门编制本行政区域矿产资源规划,经本级人民政府同意后,报国务院自然资源主管部门批准后实施。

设区的市级、县级人民政府自然资源主管部门会同有关部门根据本行政区域内矿产资源状况和实际需要,编制本行政区域矿产资源规划,经本级人民政府同意后,报上一级人民政府自然资源主管部门批准后实施。

第十条 国家加强战略性矿产资源储备体系和矿产资源应急体系建设,提升矿产资源应急保供能力和水平。

第十一条 国家鼓励、支持矿产资源勘查、开采、保护和矿区生态修复等领域的科技创新、科技成果应用推广,推动数字化、智能化、绿色化建设,提高矿产资源相关领域的科学技术水平。

第十二条 对在矿产资源勘查、开采、保护和矿区生态修复工作中做出突出贡献以及在矿产资源相关领域科技创新等方面取得显著成绩的单位和个人,按照国家有关规定给予表彰、奖励。

第十三条 国家在民族自治地方开采矿产资源,应当照顾民族自治地方的利益,作出有利于民族自治地方经济建设的安排,照顾当地群众的生产和生活。

民族自治地方的自治机关根据法律规定和国家的统一规划,对可以由本地方开发的矿产资源,优先合理开发利用。

第十四条　国务院自然资源主管部门会同有关部门负责全国矿产资源勘查、开采和矿区生态修复等活动的监督管理工作。

县级以上地方人民政府自然资源主管部门会同有关部门负责本行政区域内矿产资源勘查、开采和矿区生态修复等活动的监督管理工作。

国务院授权的机构对省、自治区、直辖市人民政府矿产资源开发利用和监督管理情况进行督察。

第十五条　国家坚持平等互利、合作共赢的方针,积极促进矿产资源领域国际合作。

第二章　矿　业　权

第十六条　国家实行探矿权、采矿权有偿取得的制度。

探矿权、采矿权统称矿业权。

第十七条　矿业权应当通过招标、拍卖、挂牌等竞争性方式出让,法律、行政法规或者国务院规定可以通过协议出让或者其他方式设立的除外。

矿业权出让权限划分由国务院规定。县级以上人民政府自然资源主管部门按照规定权限组织矿业权出让。

矿业权出让应当按照国家规定纳入统一的公共资源交易平台体系。

第十八条 县级以上人民政府自然资源主管部门应当加强对矿业权出让工作的统筹安排，优化矿业权出让工作流程，提高工作效率，保障矿业权出让工作与加强矿产资源勘查、开采的实际需要相适应。矿业权出让应当考虑不同矿产资源特点、矿山最低开采规模、生态环境保护和安全要求等因素。

国家鼓励单位和个人向县级以上人民政府自然资源主管部门提供可供出让的探矿权区块来源；对符合出让条件的，有关人民政府自然资源主管部门应当及时安排出让。

国务院自然资源主管部门应当加强对矿业权出让工作的指导和监督。

法律、行政法规规定在一定区域范围内禁止或者限制开采矿产资源的，应当遵守相关规定。

第十九条 通过竞争性方式出让矿业权的，出让矿业权的自然资源主管部门（以下称矿业权出让部门）应当提前公告拟出让矿业权的基本情况、竞争规则、受让人的技术能力等条件及其权利义务等事项，不得以不合理的条件对市场主体实行差别待遇或者歧视待遇。

第二十条 出让矿业权的,矿业权出让部门应当与依法确定的受让人以书面形式签订矿业权出让合同。

矿业权出让合同应当明确勘查或者开采的矿种、区域,勘查、开采、矿区生态修复和安全要求,矿业权出让收益数额与缴纳方式、矿业权的期限等事项;涉及特定战略性矿产资源的,还应当明确保护性开采的有关要求。矿业权出让合同示范文本由国务院自然资源主管部门制定。

第二十一条 矿业权出让合同约定的矿业权出让收益数额与缴纳方式等,应当符合国家有关矿业权出让收益征收的规定。

矿业权出让收益征收办法由国务院财政部门会同国务院自然资源主管部门、国务院税务主管部门制定,报国务院批准后执行。制定矿业权出让收益征收办法,应当根据不同矿产资源特点,遵循有利于维护国家权益、调动矿产资源勘查积极性、促进矿业可持续发展的原则,并广泛听取各有关方面的意见和建议。

第二十二条 设立矿业权的,应当向矿业权出让部门申请矿业权登记。符合登记条件的,矿业权出让部门应当将相关事项记载于矿业权登记簿,并向矿业权人发放矿业权证书。

矿业权变更、转让、抵押和消灭的,应当依法办理登记。

矿业权的设立、变更、转让、抵押和消灭，经依法登记，发生效力；未经登记，不发生效力，法律另有规定的除外。

矿业权登记的具体办法由国务院自然资源主管部门制定。

第二十三条 探矿权人在登记的勘查区域内，享有勘查有关矿产资源并依法取得采矿权的权利。

采矿权人在登记的开采区域内，享有开采有关矿产资源并获得采出的矿产品的权利。

矿业权人有权依法优先取得登记的勘查、开采区域内新发现的其他矿产资源的矿业权，具体办法由国务院自然资源主管部门制定。

在已经登记的勘查、开采区域内，不得设立其他矿业权，国务院和国务院自然资源主管部门规定可以按照不同矿种分别设立矿业权的除外。

第二十四条 探矿权的期限为五年。探矿权期限届满，可以续期，续期最多不超过三次，每次期限为五年；续期时应当按照规定核减勘查区域面积。法律、行政法规另有规定的除外。

探矿权人应当按照探矿权出让合同的约定及时开展勘查工作，并每年向原矿业权出让部门报告有关情况；无正当理由未开展或者未实质性开展勘查工作的，探矿权期限届满时不予续期。

采矿权的期限结合矿产资源储量和矿山建设规模确定，最长不超过三十年。采矿权期限届满，登记的开采区域内仍有可供开采的矿产资源的，可以续期；法律、行政法规另有规定的除外。

期限届满未申请续期或者依法不予续期的，矿业权消灭。

第二十五条　探矿权人探明可供开采的矿产资源后可以在探矿权期限内申请将其探矿权转为采矿权；法律、行政法规另有规定的除外。原矿业权出让部门应当与该探矿权人签订采矿权出让合同，设立采矿权。

为了公共利益的需要，或者因不可抗力或者其他特殊情形，探矿权暂时不能转为采矿权的，探矿权人可以申请办理探矿权保留，原矿业权出让部门应当为其办理。探矿权保留期间，探矿权期限中止计算。

第二十六条　矿业权期限届满前，为了公共利益的需要，原矿业权出让部门可以依法收回矿业权；矿业权被收回的，应当依法给予公平、合理的补偿。

自然保护地范围内，可以依法进行符合管控要求的勘查、开采活动，已设立的矿业权不符合管控要求的，应当依法有序退出。

第二十七条　矿业权可以依法转让或者出资、抵押等，国家另有规定或者矿业权出让合同另有约定的除外。

矿业权转让的，矿业权出让合同和矿业权登记簿所载明的权利、义务随之转移，国家另有规定或者矿业权出让、转让合同另有约定的除外。

矿业权转让的具体管理办法由国务院制定。

第二十八条 有下列情形之一的，无需取得探矿权：

（一）国家出资勘查矿产资源；

（二）采矿权人在登记的开采区域内为开采活动需要进行勘查；

（三）国务院和国务院自然资源主管部门规定的其他情形。

第二十九条 有下列情形之一的，无需取得采矿权：

（一）个人为生活自用采挖只能用作普通建筑材料的砂、石、黏土；

（二）建设项目施工单位在批准的作业区域和建设工期内，因施工需要采挖只能用作普通建筑材料的砂、石、黏土；

（三）国务院和国务院自然资源主管部门规定的其他情形。

有前款第一项、第二项规定情形的，应当遵守省、自治区、直辖市规定的监督管理要求。

第三章 矿产资源勘查、开采

第三十条 县级以上人民政府自然资源主管部门会

同有关部门组织开展基础性地质调查；省级以上人民政府自然资源主管部门会同有关部门组织开展战略性矿产资源、重点成矿区远景调查和潜力评价。

第三十一条 开展地质调查和矿产资源勘查、开采活动，应当按照国家有关规定及时汇交原始地质资料、实物地质资料和成果地质资料。

汇交的地质资料应当依法保管、利用和保护。

第三十二条 编制国土空间规划应当合理规划建设项目的空间布局，避免、减少压覆矿产资源。

建设项目论证时，建设单位应当查询占地范围内矿产资源分布和矿业权设置情况。省级以上人民政府自然资源主管部门应当为建设单位提供查询服务。

建设项目确需压覆已经设置矿业权的矿产资源，对矿业权行使造成直接影响的，建设单位应当在压覆前与矿业权人协商，并依法给予公平、合理的补偿。

战略性矿产资源原则上不得压覆；确需压覆的，应当经国务院自然资源主管部门或者其授权的省、自治区、直辖市人民政府自然资源主管部门批准。

第三十三条 矿业权人依照本法有关规定取得矿业权后，进行矿产资源勘查、开采作业前，应当按照矿业权出让合同以及相关标准、技术规范等，分别编制勘查方案、开采方案，报原矿业权出让部门批准，取得勘查许可证、采矿许可证；未取得许可证的，不得进行勘查、开采作业。

矿业权人应当按照经批准的勘查方案、开采方案进行勘查、开采作业；勘查方案、开采方案需要作重大调整的，应当按照规定报原矿业权出让部门批准。

第三十四条 国家完善与矿产资源勘查、开采相适应的矿业用地制度。编制国土空间规划应当考虑矿产资源勘查、开采用地实际需求。勘查、开采矿产资源应当节约集约使用土地。

县级以上人民政府自然资源主管部门应当保障矿业权人依法通过出让、租赁、作价出资等方式使用土地。开采战略性矿产资源确需使用农民集体所有土地的，可以依法实施征收。

勘查矿产资源可以依照土地管理法律、行政法规的规定临时使用土地。露天开采战略性矿产资源占用土地，经科学论证，具备边开采、边复垦条件的，报省级以上人民政府自然资源主管部门批准后，可以临时使用土地；临时使用农用地的，还应当按照国家有关规定及时恢复种植条件、耕地质量或者恢复植被、生产条件，确保原地类数量不减少、质量不下降、农民利益有保障。

勘查、开采矿产资源用地的范围和使用期限应当根据需要确定，使用期限最长不超过矿业权期限。

第三十五条 矿业权所在地的县级人民政府自然资源主管部门应当公告矿业权人勘查、开采区域范围。矿业权人在勘查、开采区域内勘查、开采矿产资源，可以依法在相邻区域通行，架设供电、供水、通讯等相关设施。

任何单位和个人不得实施下列行为：

（一）进入他人的勘查、开采区域勘查、开采矿产资源；

（二）扰乱勘查、开采区域的生产秩序、工作秩序；

（三）侵占、哄抢矿业权人依法开采的矿产品；

（四）其他干扰、破坏矿产资源勘查、开采活动正常进行的行为。

第三十六条　石油、天然气等矿产资源勘查过程中发现可供开采的石油、天然气等矿产资源的，探矿权人依法履行相关程序后，可以进行开采，但应当在国务院自然资源主管部门规定的期限内依法取得采矿权和采矿许可证。

第三十七条　国家鼓励、支持矿业绿色低碳转型发展，加强绿色矿山建设。

勘查、开采矿产资源，应当采用先进适用、符合生态环境保护和安全生产要求的工艺、设备、技术，不得使用国家明令淘汰的工艺、设备、技术。

开采矿产资源应当采取有效措施，避免、减少对矿区森林、草原、耕地、湿地、河湖、海洋等生态系统的破坏，并加强对尾矿库建设、运行、闭库等活动的管理，防范生态环境和安全风险。

第三十八条　勘查活动结束后，探矿权人应当及时对勘查区域进行清理，清除可能危害公共安全的设施、设备等，对废弃的探坑、探井等实施回填、封堵；破坏地表植被的，应当及时恢复。

勘查活动临时占用耕地的，应当及时恢复种植条件和耕地质量；临时占用林地、草地的，应当及时恢复植被和生产条件。

第三十九条　开采矿产资源，应当采取合理的开采顺序、开采方法，并采取有效措施确保矿产资源开采回采率、选矿回收率和综合利用率达到有关国家标准的要求。

开采矿产资源，应当采取有效措施保护地下水资源，并优先使用矿井水。

采矿权人在开采主要矿种的同时，对具有工业价值的共生和伴生矿产应当综合开采、综合利用，防止浪费；对暂时不能综合开采或者必须同时采出但暂时不能综合利用的矿产以及含有有用组分的尾矿，应当采取有效的保护措施，防止损失破坏。

国家制定和完善提高矿产资源开采回采率、选矿回收率、综合利用率的激励性政策措施。

第四十条　国家建立矿产资源储量管理制度，具体办法由国务院制定。

矿业权人查明可供开采的矿产资源或者发现矿产资源储量发生重大变化的，应当按照规定编制矿产资源储量报告并报送县级以上人民政府自然资源主管部门。矿业权人应当对矿产资源储量报告的真实性负责。

第四十一条 采矿权人应当按照国家有关规定将闭坑地质报告报送县级以上地方人民政府自然资源主管部门。

采矿权人应当在矿山闭坑前或者闭坑后的合理期限内采取安全措施、防治环境污染和生态破坏。

县级以上地方人民政府应当组织有关部门加强闭坑的监督管理。

第四十二条 勘查、开采矿产资源，应当遵守有关生态环境保护、安全生产、职业病防治等法律、法规的规定，防止污染环境、破坏生态，预防和减少生产安全事故，预防发生职业病。

第四十三条 勘查、开采矿产资源时发现重要地质遗迹、古生物化石和文物的，应当加以保护并及时报告有关部门。

第四章　矿区生态修复

第四十四条 矿区生态修复应当坚持自然恢复与人工修复相结合，遵循因地制宜、科学规划、系统治理、合理利用的原则,采取工程、技术、生物等措施,做好地质环境恢复治理、地貌重塑、植被恢复、土地复垦等。涉及矿区污染治理的,应当遵守相关法律法规和技术标准等要求。

国务院自然资源主管部门会同国务院生态环境主管部门等有关部门制定矿区生态修复技术规范。

国务院生态环境主管部门指导、协调和监督矿区生态修复工作。

县级以上地方人民政府应当加强对矿区生态修复工作的统筹和监督,保障矿区生态修复与污染防治、水土保持、植被恢复等协同实施,提升矿区生态环境保护和恢复效果。

第四十五条 因开采矿产资源导致矿区生态破坏的,采矿权人应当依法履行生态修复义务。采矿权人的生态修复义务不因采矿权消灭而免除。

采矿权转让的,由受让人履行矿区生态修复义务,国家另有规定或者矿业权出让、转让合同另有约定的除外。

历史遗留的废弃矿区,矿区生态修复责任人灭失或者无法确认的,由所在地县级以上地方人民政府组织开展矿区生态修复。

国家鼓励社会资本参与矿区生态修复。

第四十六条 开采矿产资源前,采矿权人应当依照法律、法规和国务院自然资源主管部门的规定以及矿业权出让合同编制矿区生态修复方案，随开采方案报原矿业权出让部门批准。矿区生态修复方案应当包括尾矿库生态修复的专门措施。

编制矿区生态修复方案，应当在矿区涉及的有关范围内公示征求意见，并专门听取矿区涉及的居民委员会、村民委员会、农村集体经济组织和居民代表、村民代表的意见。

第四十七条 采矿权人应当按照经批准的矿区生态修复方案进行矿区生态修复。能够边开采、边修复的，应当边开采、边修复；能够分区、分期修复的，应当分区、分期修复；不能边开采、边修复或者分区、分期修复的，应当在矿山闭坑前或者闭坑后的合理期限内及时修复。

第四十八条 矿区生态修复由县级以上地方人民政府自然资源主管部门会同生态环境主管部门等有关部门组织验收。验收应当邀请有关专家以及矿区涉及的居民委员会、村民委员会、农村集体经济组织和居民代表、村民代表参加，验收结果应当向社会公布。

矿区生态修复分区、分期进行的，应当分区、分期验收。

第四十九条 采矿权人应当按照规定提取矿区生态修复费用，专门用于矿区生态修复。矿区生态修复费用计入成本。

县级以上人民政府自然资源主管部门应当会同财政等有关部门对矿区生态修复费用的提取、使用情况进行监督检查。

矿区生态修复费用提取、使用和监督管理的具体办法由国务院财政部门会同国务院自然资源主管部门制定。

第五章 矿产资源储备和应急

第五十条 国家构建产品储备、产能储备和产地储备相结合的战略性矿产资源储备体系,科学合理确定储备结构、规模和布局并动态调整。

第五十一条 国务院发展改革、财政、物资储备、能源等有关部门和省、自治区、直辖市人民政府应当按照国家有关规定加强战略性矿产资源储备设施建设,组织实施矿产品储备,建立灵活高效的收储、轮换、动用机制。

第五十二条 开采战略性矿产资源的采矿权人应当按照国家有关规定,落实产能储备责任,合理规划生产能力,确保应急增产需要。

第五十三条 国务院自然资源主管部门会同有关部门,根据保障国家矿产资源安全需要,结合资源储量、分布情况及其稀缺和重要程度等因素,划定战略性矿产资源储备地。

战略性矿产资源储备地管理办法由国务院自然资源主管部门会同有关部门制定。

第五十四条 国家建立和完善矿产资源供应安全预测预警体系，提高预测预警能力和水平，及时对矿产品供求变化、价格波动以及安全风险状况等进行预测预警。

第五十五条 出现矿产品供需严重失衡、经济社会发展和人民生活受到重大影响等矿产资源应急状态的，省级以上人民政府应当按照职责权限及时启动应急响应，可以依法采取下列应急处置措施：

（一）发布矿产品供求等相关信息；

（二）紧急调度矿产资源开采以及矿产品运输、供应；

（三）在战略性矿产资源储备地等区域组织实施矿产资源应急性开采；

（四）动用矿产品储备；

（五）实施价格干预措施、紧急措施；

（六）其他必要措施。

出现矿产资源应急状态时，有关单位和个人应当服从统一指挥和安排，承担相应的应急义务，配合采取应急处置措施，协助维护市场秩序。

因执行应急处置措施给有关单位、个人造成损失的，应当按照有关规定给予补偿。

矿产资源应急状态消除后，省级以上人民政府应当按照职责权限及时终止实施应急处置措施。

第六章 监督管理

第五十六条 县级以上人民政府自然资源主管部门和其他有关部门应当按照职责分工,加强对矿产资源勘查、开采和矿区生态修复等活动的监督检查,依法及时查处违法行为。

上级人民政府自然资源主管部门和其他有关部门应当加强对下级人民政府自然资源主管部门和其他有关部门执法活动的监督。

第五十七条 县级以上人民政府自然资源主管部门和其他有关部门实施监督检查,可以采取下列措施:

(一)进入勘查、开采区域等实施现场查验、勘测;

(二)询问与检查事项有关的人员,要求其对有关事项作出说明;

(三)查阅、复制与检查事项有关的文件、资料;

(四)查封、扣押直接用于违法勘查、开采的工具、设备、设施、场所以及违法采出的矿产品;

(五)法律、法规规定的其他措施。

自然资源主管部门和其他有关部门依法实施监督检查,被检查单位及其有关人员应当予以配合,不得拒绝、阻碍。

自然资源主管部门和其他有关部门及其工作人员对

监督检查过程中知悉的国家秘密、商业秘密、个人隐私和个人信息依法负有保密义务。

第五十八条 国家建立矿产资源开发利用水平调查评估制度。

国务院自然资源主管部门建立矿产资源开发利用水平评估指标体系。县级以上人民政府自然资源主管部门应当加强对矿产资源勘查、开采情况的汇总、分析，并定期进行评估，提出节约集约开发利用矿产资源等方面的改进措施。

第五十九条 国务院自然资源主管部门建立全国矿业权分布底图和动态数据库。

国务院自然资源主管部门组织建立全国矿产资源监督管理信息系统，提升监管和服务效能，依法及时公开监管和服务信息，并做好信息共享工作。

第六十条 县级以上人民政府自然资源主管部门应当按照国家有关规定，将矿业权人和从事矿区生态修复等活动的其他单位和个人的信用信息记入信用记录。

第六十一条 任何单位和个人对违反矿产资源法律、法规的行为，有权向县级以上人民政府自然资源主管部门和其他有关部门举报，接到举报的部门应当及时依法处理。

第七章 法律责任

第六十二条 县级以上人民政府自然资源主管部门

和其他有关部门的工作人员在矿产资源勘查、开采和矿区生态修复等活动的监督管理工作中滥用职权、玩忽职守、徇私舞弊的，依法给予处分。

第六十三条　违反本法规定，未取得探矿权勘查矿产资源的，由县级以上人民政府自然资源主管部门责令停止违法行为，没收违法所得以及直接用于违法勘查的工具、设备，并处十万元以上一百万元以下罚款；拒不停止违法行为的，可以责令停业整顿。

超出探矿权登记的勘查区域勘查矿产资源的，依照前款规定处罚；拒不停止违法行为，情节严重的，原矿业权出让部门可以吊销其勘查许可证。

第六十四条　违反本法规定，未取得采矿权开采矿产资源的，由县级以上人民政府自然资源主管部门责令停止违法行为，没收直接用于违法开采的工具、设备以及违法采出的矿产品，并处违法采出的矿产品市场价值三倍以上五倍以下罚款；没有采出矿产品或者违法采出的矿产品市场价值不足十万元的，并处十万元以上一百万元以下罚款；拒不停止违法行为的，可以责令停业整顿。

超出采矿权登记的开采区域开采矿产资源的，依照前款规定处罚；拒不停止违法行为，情节严重的，原矿业权出让部门可以吊销其采矿许可证。

违反本法规定，从事石油、天然气等矿产资源勘查活动，未在国务院自然资源主管部门规定的期限内依法取得采矿权进行开采的,依照本条第一款规定处罚。

第六十五条 违反本法规定,建设项目未经批准压覆战略性矿产资源的,由县级以上人民政府自然资源主管部门责令改正,处十万元以上一百万元以下罚款。

第六十六条 违反本法规定,探矿权人未取得勘查许可证进行矿产资源勘查作业的,由县级以上人民政府自然资源主管部门责令改正;拒不改正的,没收违法所得以及直接用于违法勘查的工具、设备,处十万元以上五十万元以下罚款,并可以责令停业整顿。

第六十七条 违反本法规定,采矿权人未取得采矿许可证进行矿产资源开采作业的,由县级以上人民政府自然资源主管部门责令改正;拒不改正的,没收直接用于违法开采的工具、设备以及违法采出的矿产品,处违法采出的矿产品市场价值一倍以上三倍以下罚款,没有采出矿产品或者违法采出的矿产品市场价值不足十万元的,处十万元以上五十万元以下罚款,并可以责令停业整顿。

违反本法规定,从事石油、天然气等矿产资源勘查活动,未在国务院自然资源主管部门规定的期限内依法取得采矿许可证进行开采的,依照前款规定处罚。

第六十八条 违反本法规定,有下列情形之一,造成矿产资源破坏的,由县级以上人民政府自然资源主管部门责令改正,处十万元以上五十万元以下罚款;拒不改正的,可以责令停业整顿;情节严重的,原矿业权出让部门可以吊销其勘查许可证、采矿许可证：

（一）未按照经批准的勘查方案、开采方案进行矿产资源勘查、开采作业；

（二）采取不合理的开采顺序、开采方法开采矿产资源；

（三）矿产资源开采回采率、选矿回收率和综合利用率未达到有关国家标准的要求。

违反本法规定，未按照保护性开采要求开采特定战略性矿产资源的，依照前款规定处罚；法律、行政法规另有规定的，依照其规定。

第六十九条　违反本法规定，勘查活动结束后探矿权人未及时对勘查区域进行清理或者未及时恢复受到破坏的地表植被的，由县级以上人民政府自然资源主管部门责令改正，可以处五万元以下罚款；拒不改正的，处五万元以上十万元以下罚款，由县级以上人民政府自然资源主管部门确定有关单位代为清理、恢复，所需费用由探矿权人承担。

第七十条　未按照规定汇交地质资料，或者矿业权人未按照规定编制并报送矿产资源储量报告的，由县级以上人民政府自然资源主管部门责令改正，处二万元以上十万元以下罚款；情节严重的，处十万元以上五十万元以下罚款。

矿业权人故意报送虚假的矿产资源储量报告的，由县级以上人民政府自然资源主管部门没收违法所得,并处二十万元以上一百万元以下罚款;情节严重的,由原矿业权出让部门收回矿业权。

第七十一条 违反本法规定,采矿权人不履行矿区生态修复义务或者未按照经批准的矿区生态修复方案进行矿区生态修复的,由县级以上人民政府自然资源主管部门责令改正,可以处矿区生态修复所需费用二倍以下罚款;拒不改正的,处矿区生态修复所需费用二倍以上五倍以下罚款,由县级以上人民政府自然资源主管部门确定有关单位代为修复,所需费用由采矿权人承担。

第七十二条 出现矿产资源应急状态时,有关单位和个人违反本法规定,不服从统一指挥和安排、不承担相应的应急义务或者不配合采取应急处置措施的,由省级以上人民政府自然资源主管部门或者其他有关部门责令改正,给予警告或者通报批评;拒不改正的,对单位处十万元以上五十万元以下罚款,根据情节轻重,可以责令停业整顿或者依法吊销相关许可证件,对个人处一万元以上五万元以下罚款。

第七十三条 违反本法规定,矿业权人拒绝、阻碍监督检查,或者在接受监督检查时弄虚作假的,由县级以上人民政府自然资源主管部门或者其他有关部门责令改正;拒不改正的,处二万元以上十万元以下罚款。

第七十四条 违反本法规定,破坏矿产资源或者污染环境、破坏生态，损害国家利益、社会公共利益的，人民检察院、法律规定的机关和有关组织可以依法向人民法院提起诉讼。

第七十五条 违反本法规定，造成他人人身财产损害或者生态环境损害的，依法承担民事责任；构成违反治安管理行为的，依法给予治安管理处罚；构成犯罪的，依法追究刑事责任。

第七十六条 勘查、开采矿产资源、开展矿区生态修复，违反有关生态环境保护、安全生产、职业病防治、土地管理、林业草原、文物保护等法律、行政法规的，依照有关法律、行政法规的规定处理、处罚。

第八章　附　　则

第七十七条 外商投资勘查、开采矿产资源，法律、行政法规另有规定的，依照其规定。

第七十八条 中华人民共和国境外的组织和个人，实施危害中华人民共和国国家矿产资源安全行为的，依法追究其法律责任。

第七十九条 中华人民共和国缔结或者参加的国际条约与本法有不同规定的，适用国际条约的规定；但是，中华人民共和国声明保留的条款除外。

第八十条 本法自 2025 年 7 月 1 日起施行。

关于《中华人民共和国矿产资源法（修订草案）》的说明

——2023年12月25日在第十四届全国人民代表大会常务委员会第七次会议上

自然资源部部长　王广华

委员长、各位副委员长、秘书长、各位委员：

我受国务院委托，现对《中华人民共和国矿产资源法（修订草案）》（以下简称修订草案）作说明。

一、修订背景和过程

矿产资源是经济社会发展的重要物质基础，矿产资源勘查开发事关国计民生和国家安全。党中央、国务院高度重视矿产资源开发利用和安全保障工作。习近平总书记围绕矿产资源安全多次作出重要指示批示。

《中华人民共和国矿产资源法》（以下称现行矿产资源法）制定于1986年，1996年、2009年修改过部分条款。这部法律施行30多年来，对于促进矿业发展，加强矿产资源勘查、开发利用和保护工作发挥了积极作用。随着经济社会发展，我国矿产资源领域出现不少新情况新问题，特别是保障国家矿产资源安全问题日益凸显，现行矿产资源法已不能完全适应实际需要，亟需修改完善：一是助力找矿突破行动、加强战略性矿产资源国内勘探开发和增储上产的相关制度亟待健全；二是加强矿产资源勘查开采管理，促进矿产资源合理开发利用的相关制度有待完善；三是生态文明建设对完善矿区生态修复制度提出了更高要求；四是矿产资源储备和应急相关制度需要在法律层面确立。在总结实施经验的基础上对现行矿产资源法进行修改完善，是贯彻落实习近平总书记重要指示批示和党中央、国务院决策部署的重要举措，是新时代推动矿业高质量发展、保障国家矿产资源安全、推进生态文明建设的客观要求。修订矿产资源法已分别列入全国人大常委会和国务院2023年度立法工作计划。

自然资源部在深入调查研究、广泛征求意见的基础上，起草了《中华人民共和国矿产资源法（修订草案）（送审稿）》（以下简称送审稿）。收到送审稿后，司法部积极推进立法审查工作，两次征求有关部门、地方人民政府、有关行业协会和研究机构等方面意见，开展实地调研，就有关问题深入研究论证、多次沟通协调，会同自然资源部等有关部门对送审稿反复研究修改，形成了修订草案。修订草案已经国务院第20次常务会议讨论通过。

二、修订的总体思路

矿产资源法修订坚持以习近平新时代中国特色社会主义思想为指导，全面贯彻落实党的二十大精神，深入贯彻落实习近平总书记重要指示批示精神和党中央、国务院决策部署，遵循以下总体思路：一是突出保障国家矿产资源安全目标，着力为加强矿产资源国内勘探开发和增储上产、提高节约集约利用水平、提升应急保供能力提供制度保障，全方位夯实国家矿产资源安全制度根基。二是坚持问题导向，聚焦矿业权出让、矿产资源勘查开采、矿区生态修复、矿产资源储备和应急等关键环节和主要问题完善制度设计，增强针对性和实效性。三是遵循地质工作规律和矿业发展规律，确保制度设计符合矿产资源勘查开采的实际情况和特点，有效发挥法律制度激励引导和规范约束相结合的积极作用。

三、修订的主要内容

修订草案共八章七十六条，对现行矿产资源法作了较为全面的修订。主要修订内容如下：

（一）落实党的领导要求。明确规定矿产资源开发利用和保护工作应当坚持中国共产党的领导，贯彻总体国家安全观，统筹发展和安全，统筹国内国际，坚持开发利用与保护并重，遵循保障安全、节约集约、科技支撑、绿色发展的原则。

（二）加强矿产资源国内勘探开发和增储上产。一是加强政策支持。规定国家完善政策措施，加强基础性地质调查工作，加大对战略性矿产资源勘查、开采的支持力度，推动战略性矿产资源增加储量和提高产能，推进战略性矿产资源产业优化升级，提升矿产资源安全保障水平，并对组织开展基础性地质调查工作以及战略性矿产资源远景调查和潜力评价作了明确规定。二是完善矿业权制度。根据党中央、国务院关于矿业权出让制度改革的决策部署，优化矿业权取得方式，规定矿业权通过竞争性出让方式取得，同时明确法律、行政法规或者国务院规定可以通过其他方式取得的除外；完善矿业权出让启动机制，鼓励单位和个人向自然资源主管部门提供探矿权区块来源并提出出让申请；规范矿业权出让工作，保障矿业权出让工作与加强矿产资源勘查开采的实际需要相适应；加强对矿业权出让收益征收的规范和引导，明确制定矿业权出让收益征收办法应当有利于调动矿产资源勘查积极性；强化矿业权人权利保障。三是强化对战略性矿产资源的保护。明确战略性矿产资源原则上不得压覆，确需压覆的应当经国务院自然资源主管部门或者其授权的省、自治区、直辖市人民政府自然资源主管部门批准。四是完善与矿产资源勘查开采相适应的矿业用地制度。明确开采战略性矿产资源确需使用农民集体所有土地的可以依法实施征收，露天开采战略性矿产资源占用土地，经省级以上人民政府自然资源主管部门批准后可以临时使用土地。

（三）加强矿产资源勘查开采管理。一是完善勘查开采许可制度。适应矿业权制度改革要求，将矿业权取得与勘查许可证、采矿许可证取得分离，规定矿业权人进行矿产资源勘查、开采作业前，应当分别编制勘查方案、开采方案，报原矿业权出让部门批准取得勘查许可证、采矿许可证。二是维护勘查开采活动秩序。规定矿业权人勘查开采矿产资源可以依法在相邻区域通行，架设相关设施；任何单位和个人不得干扰、破坏矿产资源勘查开采活动正常进行。三是促进合理开发利用。规定勘查、开采矿产资源应当采用先进适用、符合生态环境保护和安全生产要求的工艺、设备、技术；对共生和伴生矿产应当综合开采、合理利用；要求采矿权人采取有效措施确保矿产资源开采回采率、选矿回收率和综合利用率达到有关国家标准要求。四是建立资源储量管理制度。规定矿业权人应当按规定编制矿产资源储量报告报送自然资源主管部门，并对报告真实性负责。

（四）健全矿区生态修复制度。增加"矿区生态修复"一章，明确矿区生态修复责任主体；鼓励社会资本参与矿区生态修复；要求采矿权人编制矿区生态修复方案并按照方案进行矿区生态修复；明确矿区生态修复应当经验收合格；要求采矿权人按规定提取矿区生态修复费用。

（五）建立矿产资源储备和应急制度。增加"矿产资源储备和应急"一章，规定国家构建产品储备、产能储备和产地储备相结合的战略性矿产资源储备体系，科学合理确定储备结构、规模和布局，并对矿产品储备的组织实施、产能储备责任的落实、战略性矿产资源储备地的划定以及出现矿产资源应急状态时可以采取的应急处置措施等作了明确规定。

（六）强化监督管理。增加"监督管理"一章，对自然资源主管部门和其他有关部门的监督检查职责、实施监督检查时可以采取的措施，建立矿产资源开发利用水平调查评估制度、全国矿业权分布底图和动态数据库、矿产资源监督管理信息系统、信用记录制度以及对违法行为的举报制度等作了明确规定。

（七）完善法律责任。根据这次修改的内容，相应增加了擅自压覆战略性矿产资源、拒不履行矿区生态修复义务等违法行为应承担的法律责任，加大了对非法勘查、开采矿产资源等违法行为的处罚力度，并做好与相关法律、行政法规的衔接。

此外，落实平等保护产权、平等参与市场竞争的要求，删除了现行矿产资源法"集体矿山企业和个体采矿"一章，不再对国有矿山企业、集体矿山企业和个体采矿适用不同规定。

修订草案和以上说明是否妥当，请审议。

全国人民代表大会宪法和法律委员会关于《中华人民共和国矿产资源法（修订草案）》修改情况的汇报

全国人民代表大会常务委员会：

　　常委会第七次会议对矿产资源法修订草案进行了初次审议。会后，法制工作委员会将修订草案印发各省（区、市）人大、中央有关部门以及部分全国人大代表、基层立法联系点、研究机构和企业等征求意见；在中国人大网全文公布修订草案征求社会公众意见。宪法和法律委员会、环境与资源保护委员会、法制工作委员会联合召开座谈会，听取中央有关部门、基层立法联系点、全国人大代表和专家学者对修订草案的意见。法制工作委员会召开座谈会，专门听取矿业企业的意见。宪法和法律委员会、法制工作委员会到云南、贵州、江西、广西等地调研，听取意见；并就修订草案的有关问题与有关方面交换意见，共同研究。宪法和法律委员会于5月31日召开会议，根据常委会组成人员的审议意见和各方面的意见，对修订草案进行了逐条审议。环境与资源保护委员会、司法部、自然资源部有关负责同志列席了会议。6月18日，宪法和法律委员会召开会议，再次进行了审议。现将矿产资源法修订草案主要问题修改情况汇报如下：

一、修订草案第八条中规定，县级以上地方人民政府自然资源主管部门会同有关部门编制本行政区域矿产资源规划。有的部门、单位提出，有的市、县矿业活动较少，对其编制矿产资源规划不宜作统一要求。宪法和法律委员会经研究，建议将市、县矿产资源规划编制单列一款，规定：设区的市级、县级人民政府自然资源主管部门会同有关部门根据本行政区域内矿产资源状况和实际需要，编制本行政区域矿产资源规划。

二、有的常委会组成人员和地方、部门建议，充实有关促进矿业绿色、高质量发展的规定。宪法和法律委员会经研究，建议增加以下规定：一是国家推动矿产资源领域数字化、智能化、绿色化建设。二是国家鼓励、支持矿业绿色低碳转型发展，加强绿色矿山建设。

三、有的地方、部门、企业建议，根据不同矿产资源的特点和实际工作情况，完善矿业权相关规定。宪法和法律委员会经研究，建议对修订草案作以下修改：一是在第二十一条关于探矿权续期时应当核减勘查区域面积的规定后增加"法律、行政法规另有规定的除外"。二是增加规定，国家出资勘查矿产资源、采矿权人在登记的开采区域内为开采活动需要进行勘查等情形，无需取得探矿权。

四、修订草案第二十九条中规定，矿业权人应当按照经批准的勘查方案、开采方案进行勘查、开采作业。有的地方、部门、企业建议，根据实际工作中适时调整矿产资源勘查、开采方案的需要，对上述规定予以完善。宪法和法律委员会经研究，建议增加规定：勘查方案、开采方案需要作重大调整的，应当按照规定报原矿业权出让部门批准。

五、有的常委委员和地方、部门、企业建议，完善矿区生态修复制度，保障矿区生态修复效果。宪法和法律委员会经研究，建议对修订草案作以下修改：一是增加矿区生态修复应遵循的原则及采取的措施等要求。二是增加规定，矿区生态修复方案应当专门听取矿区涉及的农村集体经济组织、村民委员会、居民委员会和村民代表、居民代表的意见。三是增加规定，县级以上人民政府自然资源主管部门应当会同财政等有关部门对矿区生态修复费用的提取、使用情况进行监督检查。

此外，还对修订草案作了一些文字修改。

修订草案二次审议稿已按上述意见作了修改，宪法和法律委员会建议提请本次常委会会议继续审议。

修订草案二次审议稿和以上汇报是否妥当，请审议。

全国人民代表大会宪法和法律委员会
2024 年 6 月 25 日

全国人民代表大会宪法和法律委员会关于《中华人民共和国矿产资源法（修订草案）》审议结果的报告

全国人民代表大会常务委员会：

常委会第十次会议对矿产资源法修订草案进行了二次审议。会后，法制工作委员会在中国人大网全文公布修订草案二次审议稿，征求社会公众意见。宪法和法律委员会、法制工作委员会还到甘肃、西藏、山西等地调研，听取意见，并就修订草案的有关问题同有关方面交换意见，共同研究。宪法和法律委员会于10月9日召开会议，根据常委会组成人员的审议意见和各方面的意见，对修订草案进行了逐条审议。环境与资源保护委员会、司法部、自然资源部有关负责同志列席了会议。10月25日，宪法和法律委员会召开会议，再次进行了审议。宪法和法律委员会认为，修订草案经过两次审议修改，已经比较成熟。同时，提出以下主要修改意见：

一、有的地方、部门、社会公众提出，基础地质调查工作对矿产资源合理开发和保护具有重要意义，建议充实这方面的内容。宪法和法律委员会经研究，建议增加一条规定，国家建立健全地质调查制度，加强基础性地质调查工作，为矿产资源勘查、开采和保护等提供基础地质资料。

二、有的常委委员建议增加促进矿产资源领域国际合作的内容。宪法和法律委员会经研究，建议增加一条规定，国家坚持平等互利、合作共赢的方针，积极促进矿产资源领域国际合作。

三、有的部门提出，矿业权有偿取得是本法的一项重要制度，建议修订草案恢复现行法有关内容。宪法和法律委员会经研究，建议增加规定：国家实行探矿权、采矿权有偿取得的制度。

四、有的常委会组成人员和地方、部门、企业建议，充分考虑矿业用地需求，并与有关法律作好衔接，进一步完善矿业用地制度。宪法和法律委员会经研究，建议增加规定：编制国土空间规划应当考虑矿产资源勘查、开采用地实际需求；勘查矿产资源可以依照土地管理法律、行政法规的规定临时使用土地。

五、有的常委委员和社会公众提出，对开采矿产资源形成的尾矿库应当加强管理，防范安全风险。宪法和法律委员会经研究，建议增加规定：开采矿产资源应当加强对尾矿库建设、运行、闭库等活动的管理，防范生态环境和安全风险。

六、有的常委会组成人员和地方建议，进一步加强矿区生态修复工作。宪法和法律委员会经研究，建议增加以下规定：一是，县级以上地方人民政府应当加强对矿区生态修复工作的统筹和监督；二是，矿区生态修复方案应当包括尾矿库生态修复的专门措施；三是，矿区能够边开采、边修复的，应当边开采、边修复。

七、有的常委会组成人员建议，对未取得许可证进行矿产资源勘查、开采作业的，增加责令停业整顿的处罚措施。宪法和法律委员会经研究，建议采纳这一意见，对修订草案有关条款作相应修改。

此外，还对修订草案二次审议稿作了一些文字修改。

10月17日，法制工作委员会召开会议，邀请部分全国人大代表、专家学者和基层立法联系点、地方政府有关部门、矿业企业的代表，就修订草案主要内容的可行性、法律出台时机、法律实施的社会效果和可能出现的问题等进行评估。普遍认为，贯彻落实党中央决策部署，总结矿业权出让等改革实践经验，适应矿产资源开发保护新形势新要求，对矿产资源法进行全面修改，对于推动矿业高质量发展，为推进中国式现代化提供资源支撑，十分必要，意义重大。修订草案的主要制度规范针对性、可操作性强，符合我国矿业和经济社会发展实际，是可行的，经进一步审议修改后，建议审议通过。与会人员还对修订草案提出了一些完善性意见，有些意见已经采纳吸收。

修订草案三次审议稿已按上述意见作了修改，宪法和法律委员会建议提请本次常委会会议审议通过。

修订草案三次审议稿和以上报告是否妥当，请审议。

全国人民代表大会宪法和法律委员会
2024年11月4日

全国人民代表大会宪法和法律委员会关于《中华人民共和国矿产资源法（修订草案三次审议稿）》修改意见的报告

全国人民代表大会常务委员会：

本次常委会会议于11月4日下午对矿产资源法修订草案三次审议稿进行了分组审议。普遍认为，修订草案已经比较成熟，建议进一步修改后，提请本次常委会会议表决通过。同时，有些常委会组成人员和列席人员还提出了一些修改意见和建议。宪法和法律委员会于11月4日晚召开会议，逐条研究了常委会组成人员和列席人员的审议意见，对修订草案进行了统一审议。环境与资源保护委员会、司法部、自然资源部有关负责同志列席了会议。宪法和法律委员会认为，修订草案是可行的，同时，提出以下修改意见：

一、有的常委委员建议明确矿业权抵押应当依法登记。宪法和法律委员会经研究，建议采纳这一意见，增加规定：矿业权抵押，应当依法办理登记；经依法登记，发生效力。

二、有的常委委员建议，进一步加强对矿区生态修复工作的统筹，提升生态恢复效果。宪法和法律委员会经研究，建议增加规定：县级以上地方人民政府应当保障矿区生态修复与污染防治、水土保持、植被恢复等协同实施，提升矿区生态环境保护和恢复效果。

三、有的常委委员和部门建议，增加未按照规定汇交地质资料的法律责任。宪法和法律委员会经研究，建议采纳这一意见，在有关条款中增加相应规定。

四、有些常委委员和部门建议，在修订草案有关规定的基础上明确人民检察院可以对破坏矿产资源等损害公共利益的行为依法提起诉讼。宪法和法律委员会经研究，建议将修订草案三次审议稿第七十四条中的"有关机关和组织"修改为"人民检察院、法律规定的机关和有关组织"。

经与有关部门研究，建议将修订后的矿产资源法的施行时间确定为2025年7月1日。

此外，根据常委会组成人员的审议意见，还对修订草案三次审议稿作了一些文字修改。

修订草案修改稿已按上述意见作了修改，宪法和法律委员会建议提请本次常委会会议审议通过。

修订草案修改稿和以上报告是否妥当，请审议。

全国人民代表大会宪法和法律委员会
2024年11月7日

图书在版编目（CIP）数据

中华人民共和国矿产资源法新旧对照与重点解读 / 中国法治出版社编. -- 北京：中国法治出版社，2024.12. -- ISBN 978-7-5216-4828-7

Ⅰ. D922.625

中国国家版本馆 CIP 数据核字第 2024C5J976 号

责任编辑：王 彤　　　　　　　　　　　　封面设计：蒋 怡

中华人民共和国矿产资源法新旧对照与重点解读
ZHONGHUA RENMIN GONGHEGUO KUANGCHAN ZIYUANFA XINJIU DUIZHAO YU ZHONGDIAN JIEDU

经销/新华书店
印刷/三河市紫恒印装有限公司
开本/850 毫米×1168 毫米　32 开　　　　印张/ 3.875　字数/ 73 千
版次/2024 年 12 月第 1 版　　　　　　　2024 年 12 月第 1 次印刷

中国法治出版社出版
书号 ISBN 978-7-5216-4828-7　　　　　　　　　　定价：18.00 元

北京市西城区西便门西里甲 16 号西便门办公区
邮政编码：100053　　　　　　　　　　传真：010-63141600
网址：http://www.zgfzs.com　　　　　　编辑部电话：010-63141675
市场营销部电话：010-63141612　　　　印务部电话：010-63141606

（如有印装质量问题，请与本社印务部联系。）